中等职业学校教育创新规划教材
新型职业农民职业教育规划教材

农民合作社建设与管理

朱京燕　曹　军　主编

中国农业大学出版社
·北京·

内 容 简 介

本教材根据项目驱动式教学的需要，以引导学生主动学习为目的，进行体例架构设计，按照农民合作社基础知识、创建农民合作社流程、农民合作社治理结构和人员管理、农民合作社生产管理和营销策略及农民合作社财务与风险管理五个模块，重点介绍了认知农民合作社、认知国内外合作社发展现状、创建农民专业合作社流程、组建农村新型股份合作社流程、构建农民合作社的治理结构、管理农民合作社成员、管理农民合作社雇员、管理农民合作社生产、实施农民合作社营销、管理农民合作社财务、管理农民合作社风险等内容，涵盖了农民合作社建设与管理的各个环节。

图书在版编目(CIP)数据

农民合作社建设与管理/朱京燕，曹军主编.—北京：中国农业大学出版社，2016.5(2018.8重印)

ISBN 978-7-5655-1544-6

Ⅰ.①农… Ⅱ.①朱…②曹… Ⅲ.①农业合作社-经营管理-研究-中国 Ⅳ.①F321.42

中国版本图书馆CIP数据核字(2016)第069379号

书　名　农民合作社建设与管理

作　者　朱京燕　曹　军　主编

策划编辑　张　玉　张　蕊　　**责任编辑**　张　玉

封面设计　郑　川　　**责任校对**　王晓凤

出版发行　中国农业大学出版社

社　址　北京市海淀区圆明园西路2号　　**邮政编码**　100193

电　话　发行部 010-62818525,8625　　读者服务部 010-62732336

编辑部 010-62732617,2618　　出　版　部 010-62733440

网　址　http://www.cau.edu.cn/caup　　**E-mail**　cbsszs@cau.edu.cn

经　销　新华书店

印　刷　北京时代华都印刷有限公司

版　次　2016年5月第1版　2018年8月第2次印刷

规　格　787×980　16开本　13.5印张　250千字

定　价　29.00元

教材编审委员会名单

编写人员

主　编　朱京燕　曹　军

副主编　辛子军　罗　斌　孙亚红　张俊清

编写说明

积极开展与创新新型职业农民职业教育，提高现代农业与社会主义新农村建设一线中等应用型职业人才及新型职业农民的综合素质、专业能力，是发展现代农业和建设社会主义新农村的重要举措。为贯彻落实中央的战略部署及全国职业教育工作会议精神，特根据《教育部关于"十二五"职业教育教材建设的若干意见》《中等职业学校新型职业农民培养方案(试行)》和《中等职业学校专业教学标准(试行)》等文件精神，紧紧围绕培养生产、服务、管理第一线需要的中等应用型职业人才及新型职业农民，并遵循新型职业农民职业教育的基本特点和规律，编写了《农民合作社建设与管理》教材。

《农民合作社建设与管理》是新型职业农民职业教育种植、养殖、农机装备与应用技术、农业经济管理等四大类专业公共课教材之一。该教材构思新颖，内容丰富，结构合理，以行动导向的教学模式为依据，以学习性工作任务实施为主线，物化了本门课程历年来相关职业院校教育教学改革中所取得的成果。

《农民合作社建设与管理》按照认知农民合作社、认知国内外合作社发展现状、创建农民专业合作社流程、组建农村新型股份合作社流程、建立农民合作社的治理结构、管理农民合作社成员、管理农民合作社雇员、管理农民合作社生产、实施农民合作社营销、管理农民合作社财务、管理农民合作社风险等内容，涵盖了农民合作社建设与管理的各个环节。

本教材根据项目驱动式教学的需要，以引导学生主动学习为目的，进行体例架构设计，以适应新型职业农民职业教育创新和改革的需要。本教材内容深入浅出、通俗易懂，具有很强的针对性和实用性，是新型职业农民职业教育的专用教材，也可作为现代青年农场主的培育教材，还可作为农村创业培训的教材和相关专业人员作为参考用书使用。

《农民合作社建设与管理》由北京农业职业学院副教授朱京燕与辽宁农业职业技术学院教授曹军担任主编，河南省农业职业学院高级讲师孙亚红、辽宁省农业经济学校高级讲师辛子军、北京农业职业学院博士罗斌、辽宁农业职业技术学院张俊清担任副主编。编写分工为:项目一认知农民合作社、项目四组建农村新型股份合作社流程、项目六管理农民合作社成员、项目七管理农民合作社雇员为朱京燕编写;项目二认知国内外合作社发展现状、项目三创建农民专业合作社流程为罗斌编写;项目十管理农民合作社财务、项目十一管理农民合作社风险为辛子军编写;项目五构建农民合作社治理结构为孙亚红编写;项目八管理农民合作社生产、项目九实施农民合作社营销由曹军、张俊清共同编写。其中,认知农业标准化任务、实施农民合作社产品质量认证任务、实施合作社的STP策略任务、实施合作社营销组合策略任务为曹军编写;建立农民合作社生产基地任务、建立农民合作社品牌任务为张俊清编写。北京农业职业学院赵晨霞教授、农业部科技教育司纪绍勤处长和原农业部农民科技教育培训中心教材处原处长陈肖安等同志对教材内容进行了审定,在此一并表示感谢。

由于编者水平有限,加之时间仓促,教材中难免有错误和不妥之处,衷心希望广大读者及时发现并提出,更希望广大读者对教材编写质量提出宝贵意见,以便修订和完善,进一步提高教材质量。

编　者

2015.11

目　录

模块一　农民合作社基础知识

项目一　认知农民合作社

项目二　认知国内外合作社发展现状

项目一　认知农民合作社

【项目目标】

完成本项目学习后，你应该能

1. 认识合作社的本质和现代西方合作社的特征
2. 运用合作社的原则开展合作社相关工作
3. 根据环境条件，建立不同类型的合作社

【引导案例】

走进"新奇士"

"新奇士"就是在超市的水果专柜贴有"Sunkist"的橙子。这些"Sunkist"橙子来自世界著名的美国"新奇士"橘农协会，畅销世界30多个国家和地区。美国"新奇士"橘农协会创立于1893年，由100多名橘农代表发起。1908年，确定商标为Sunkist。20世纪60年代，"新奇士"橘农协会开始扩展海外市场，1966年出口柑橘达1 240万箱。目前，"新奇士"橘农协会拥有成员6 500户，涵盖所有加利福尼亚州和亚利桑那州的柑橘生产者。它是一个非营利性组织，采用"合同制"，按照自愿的原则，吸纳果农、果园管理公司、包装厂等加入成为股东，形成产前、产中和产后各环节合同制的利益分配机制。"新奇士"财产由全体成员共同拥有。在市场运作上采取公司管理模式，实行职业化和专业化经营管理，聘用专职总经理。"新奇士"合作社组织结构由社员大会、董事会、总经理、员工4个层次组成。合作社使用统一的种植标准、统一的商标"Sunkist"，全球统一价格。合作社运作资金主要来自政府对果农的退税和对农业的预算补贴，以及会员缴交的会费。在"新奇士"橘农协会的协调和组织下，果农种植的橙子经过包装和加工，以统一的价格和统一的

包装畅销世界各地。

（资料来源：http://www.ceh.com.cn/ceh/llpd/2009/2/23/8363.shtml）

案例点评：传统的果农，主要是一家一户的小规模生产，单位生产规模小，而且流通渠道短，商品化程度低，经济效益不高。势单力薄的单个果农在市场交易中，处于谈判的被动地位，没法卖到好价钱。如果把农户联合起来，将会大大提高其议价能力，降低市场风险。“新奇士”合作社就是柑橘生产者在共同的市场需求下，通过柑橘生产者的有机联合及有效管理，以团体的力量进入市场，统一品牌和价格，避免内部竞争，调节供求平衡，提高市场竞争力和组织化程度，获取合理市场交易利益的典型。

任务1 认知合作社的本质特征

一、学习准备

合作社的本质及特征是什么？

合作社是一种世界现象，全世界有6亿多合作社社员，印度1.7亿、美国1.5亿，超过1亿人在合作社或通过合作社得到就业。传统上合作社主要在农业、信贷、住宅和保险领域，近年来进入了信息、通信技术、旅游和文化等新的活动领域。那么，合作社是一个什么样的组织呢？

（一）知识准备

1. 合作社的定义及本质

1995年，国际合作社联盟代表大会给合作社定义如下：合作社是人们为满足自身共同的经济、社会及文化方面的需求和愿望，而通过一个共同拥有、民主管理的企业，自愿联合组成的一个自治的社团。如图1-1所示果蔬合作社。

为了准确理解这个定义，国际合作社联盟还对此做了详细说明：合作社是自治组织，它尽可能地独立于政府和私营企业；合作社是“人的联合”，世界上许多基层合作社只允许单个“自然人”加入，但合作社的联合社允许“法人”加入，包括公司；合作社人的联合是“自愿的”，在合作社的目标和资源内，社员有加入和退出的自由；“满足共同的经济、社会和文化方面的需求”，强调了合作社是由其社员组织起来，并着眼于社员，社员的需要是合作社存在的主要目的；合作社是一个“共同所有和民主控制的企业”，合作社所有权是在民主的基础上归全体社员。

图 1-1　果蔬合作社

据此，我们对合作社的认识能明确如下几点：首先，合作社不是政府组织，也不是雇主的企业，而是成员自己的自治组织；其次，合作的方式是合作社成员对合作社的联合所有和民主控制，即合作社自治；最后，合作目的的共同性和综合性。合作社设立的宗旨是满足成员共同的经济、社会与文化需求和愿望。图 1-2 为农民专业合作社法人营业执照和入股凭证。

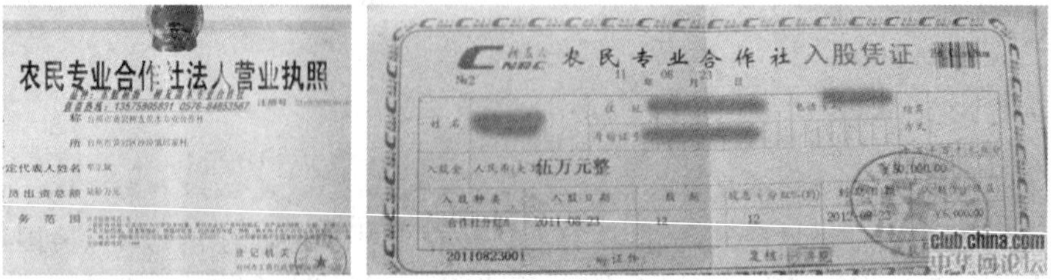

图 1-2　农民专业合作社法人营业执照和入股凭证

合作社的本质特征在于合作社的所有者与合作社业务的使用者同一，合作社是以社员——服务对象为本，而不是以股东——投资者为本。这也是合作社与其他企业组织最大的不同。为成员服务，是合作社组织功能的核心。合作社通过降低投入品价格、提高产出品价格、按照成本价提供各种服务等，提高成员在市场经济中的地位。

合作社的交易活动分为与成员交易和与非成员交易两种。合作社在与非成员进行交易时，它必须追求交易价值最大化。合作社即使与其成员交易也必须按市场价格进行。如果合作社的经营不能实现营利的目标，势必难以为继，为成员利益服务的宗旨也必然落空。

2. 现代西方农民合作社的特征

20 世纪 90 年代以后，美国、加拿大以及欧洲的新型合作社获得了引人注目的发展。目前在美国，64％的黄油、47％的奶酪、87％的干奶制品都是由合作社生产的，这类合作社具有显著的事业特征和组织特征。

现代西方农民合作社事业特征主要表现在:农民专业合作社结合自己的主业,多元化经营,开发建设农村社区;农民综合合作社重视本区域的专业化生产,以使其区域发展具有某一行业或产业的特色;农民基层社、联合社一般都围绕农业产业的产前、产中、产后服务成立子公司,子公司按照股份制原则经营;大力发展农产品加工业,通过延长农业产业链,使农民获得农产品加工和流通的非农收入。

阅读小资料

日本农协的主要职能

(1)营农指导。农协设有营农指导员,平均每个基层农协3～5人。产前,他们根据全农信息网提供的信息,编制主要品种的生产计划和上市计划,对农户的生产项目、生产规模及时予以指导,以免农户盲目生产,造成损失。他们还帮助农民进行土壤改良,引进新品种,发展商品基地,实行适度规模经营。他们还对各种农作物的栽培、管理、化肥、农药的施用方法,家畜家禽的饲养等进行技术指导。

(2)农业生产资料供应。日本农协对农业生产资料供应主要采取预约订购、送货到户的办法。

(3)农副产品贩卖。根据上市计划,对农户生产的农副产品实行无条件委托贩卖。基层农协按不同品种,采取不同办法,把实行了规格化、包装化、标准化的农产品集中起来,运往县一级或中央一级批发市场。每天上市多少,各个市场投放多少,有一套大致的计划,农户按计划将产品交给农协,农协按计划投放市场。

(4)信用服务。农协信用服务是以接受成员的存款,向成员贷款为基础的,主要用于有利于成员的各项事业。

(5)农业保险。日本在世界上较早地实行了农业保险,日本农业保险充分发挥农民互助互利的优势,通过农协广泛地组织实施,参加保险的农户很普遍。

(6)信息服务。农协有一整套快速、高效的信息系统。基层农协将收集到的农户生产信息、生产资料供应信息以及各种农副产品销售信息传递给县联合会和中央联合会,上级联合会经过汇总分析后再通过农协信息网向下传递,直至农家。

(资料来源:http://wenku.baidu.com/view/841d053083c4bb4cf7ecd1b2.html)

【阅读小案例】

新奇士合作社的产供销一体化

美国“新奇士”合作社从销售开始，继而扩大到农用物资供应和农产品加工。在水果的种植环节，统一布局规划，统一生产技术，统一农资供应等。通过专业的技术人员对果农进行现场指导，提高果农的种植水平。为了适应市场的需求，通过新技术的应用与推广、品种改良等手段，调节果实成熟期，使果品分期上市，形成了4～10月成熟的夏橙和10月至来年4月成熟的脐橙的品种系列，使果实成熟期分布至全年，在不同时期均有果品上市。在水果加工环节，“新奇士”合作社将保鲜、加工、包装、运输等环节连接起来，实行产业化经营，提高水果附加价值。果农除种植外，不用操心任何事。水果成熟后，合作社会派人采摘，运至包装厂，由流水线自动挑选水果。清洗过后，按个头大小进行包装、贴标。质检人员若发现问题，会迅速追溯源头。未被挑上的水果也不会浪费，将被送到饮料厂，生产“新奇士橙汁”等饮料。总之，“新奇士”合作社实现了从农资肥料的购买、新技术的推广应用、果实的加工到产品的销售及出口等的产供销一体化。（图 1-3）（资料来源：http://www.cnbm.net.cn/article/ar471137716.html）

图 1-3　美国南加州水果与农产品合作社产品

现代西方农民合作社组织的特征表现在：社员选举权和表决权在合作社“一人一票”制的基础上，实行一人有限定的多票制；取消合作社成员入股金额上限规定，但入股分红比例受限原则不变；农民合作社可以向非社员出售优先于社员分红的优先股；鼓励农村非农民和农业关联法人中适合利用合作社事业的以准社员的资格入社，准社员只有合作社事业利用权和盈余分配权，而没有表决权、选举权和被选举权；向其他法人投资；大型合作社聘请职业经理人，实行经理责任制；强化社员权利；增强合作社业务处理的透明度；按社员利用合作社事业额分配优先于按股分红。

（二）资料准备

（1）利用现有的图书馆或资料室报纸杂志现有的电脑、网站、WiFi 等网络环境条件，查找有关合作社定义、本质、西方现代合作社特征等方面的信息资料；

(2)参观当地农民合作社，了解其交易和服务情况；

(3)利用网络，查找农民合作社案例；

(4)教师准备的资料单：关于合作社的定义、本质、西方现代合作社特征的相关文章。

如何设计和实施学习任务？

二、项目设计与实施

【项目设计】(图 1-4)

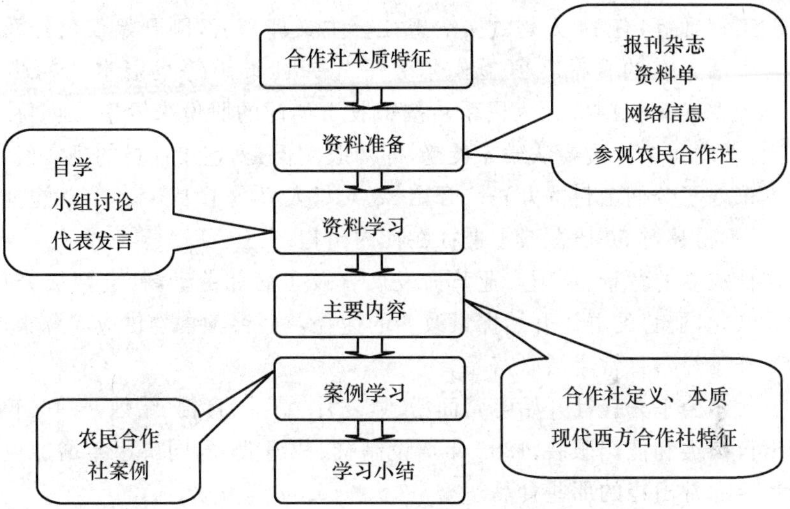

图 1-4 认知合作社本质特征学习任务完成流程

【项目实施】

(1)安排学生课前预习合作社定义、现代西方合作社特征。

(2)在教师的指导下，通过多种信息渠道查询资料。关键词有：合作社、本质、特征等。

(3)教师带领学生参观当地农民合作社，了解其服务对象和交易情况，汇总查找的相关资料。

(4)每人写一份学习收获，小组讨论，用集体的智慧完成一份较好的学习收获体会。

(5)每组选一个代表，在全班讲解小组的学习路径、学习收获，组员补充收获的内容。

(6)教师组织发动全班同学讨论、评价各小组的学习情况，达到全班同学共享学习资源和收获体会，巩固所学的知识内容。

三、学习拓展

(一)世界上诞生的第一个合作社——罗虚代尔公平先锋社

世界上成立的第一个合作社是1844年12月21日成立的英国罗虚代尔公平先锋社。罗虚代尔公平先锋社所在地位于曼彻斯特市以北12英里的一个小镇,当时居民大约是2.5万人,而曼彻斯特是当年英格兰的纺织工业中心。小镇有一半街道没有下水道或排水沟,居民平均寿命只有21岁,市场上出售的食品掺假盛行,发芽的马铃薯也照样在市场上销售,缺斤短两更是司空见惯。

罗虚代尔公平先锋社成立时有28名发起人,其中16人是纺织工人,其余是木工、鞋匠、工程师等,有14人是欧文空想社会主义拥护者,刚开始仅仅经营四种英国人日常生活必需的食品。罗虚代尔公平先锋社设想筹集资本的初步目标是1 000英镑(1英镑≈9.35元人民币),按每股1英镑的股份来筹集,预期社员发展到250人,平均每个社员要认缴4英镑,即4股。但是,鉴于社员的现实经济情况,认缴股本采取了分期缴付的办法。开始28人每人只缴了1英镑,当然也允许持有多股,但是不得超过50股。股本退社在社内出售。

合作社成立的背景:英国产业革命发展普及了雇佣劳动,社会两极分化加剧,劳资对立激化,弱势的群体开始探索改变的途径。而劳工食物供应问题很严重,于是合作社开始经营日常生活必需品。

罗虚代尔公平先锋社开始经营面粉、燕麦片、黄油、食糖、蜡烛,1846年和1847年开始出售肉类和低档服装,1852年增设制鞋、裁缝业务,同事逐年增加英国当时食品杂货店通常出售的那些食品。

罗虚代尔公平先锋社最初只有星期一和星期六晚上开门营业,到1851年,已经能够做到每天都全天营业。

罗虚代尔公平先锋社在1847年末社员人数增加到110人,1848年达到140人,1849年390人,1850年600人,1851年630人,1852年680人,1853年720人,1854年900人,1855年1 400人,1856年1 600人,1857年1 850人。13年时间,社员增加了65倍。到1880年,社员人数突破1万人。该社建社100周年时,已经拥有100多个支店和多处规模宏大的工厂及屠宰厂等,社员人数达到3.2万人,年营业额达到200万英镑。

(二)国际合作社组织

1. 国际合作社联盟(简称ICA)

国际合作社联盟是一个独立的非政府性的国际组织,1895年成立于英国伦敦。目前,国际合作社联盟拥有125个国家的235个成员组织,其社员总数已达7亿5 000万人。它的成员组织是各个领域的全国性合作社组织,涉及农业、消费、银行、信贷、保险、工业、能源、储运、渔业、住房、旅游等行业。为了有效协调解决全球合作社运动中某些特定经济和社会领域的问题,国际合作社联盟建立了14个专业机构,其中:①负责不同领域合作社问题的专业机构是ICA农业委员会,国际工业手工业服务业合作社委员会,ICA消费委员会,ICA渔业委员会,ICA住房委员会,国际合作社银行协会,国际合作社能源组织,国际合作社相互保险联盟,消费合作社批发贸易国际组织,国际合作社旅游组织;②负责非经济性问题的专业机构是国际合作社培训教育委员会,ICA通讯委员会,ICA妇女委员会,合作社计划研究发展委员会。ICA的总部设在瑞士的日内瓦,下设中美和加勒比海、南美、西非、东中南非、亚洲和太平洋等五个地区办事处。

2. 国际农业生产者联盟(IFAP)

国际农业生产者联盟建于1946年5月,是由农业生产者合作社联合起来的国际组织中最重要的一个。该联盟最早是由英国农场主组织提议组建的,1947年在荷兰召开了第一次代表大会,并在美国和法国登记注册。该联盟十分关心与农业生产有关的所有经济与社会方面的国际问题,如生产与贸易、农业与粮食政策、剩余物资处理、经济与技术援助等。该联盟的宗旨是:以各成员国组织协调一致的观点,在有关的国际组织中代表农业生产者的利益;交流思想和信息,帮助成员组织了解各种世界性的问题及其对农业生产者可能生产的影响;提高农业生产、加工和销售的效益。此外,农业合作社的国际组织还有1929年成立的国际农业合作社协会、欧洲共同体国家的农业合作社总委员会等。

3. 世界信贷联盟委员会(WOCCU)

世界信贷联盟委员会的前身是1934年8月成立的美国信贷联盟全国协会。1940年,加拿大和西半球信贷联盟联合会加入该联盟。到了1958年,该联盟发展成为了一个世界性的信贷组织,1971年改为世界信贷联盟委员会。它的宗旨是要成为全球性信贷联盟运动代表,促进世界信贷联盟组织的发展,在各国和国际上协调和援助信贷联盟的活动,为信贷联盟的发展提供技术和信息援助,加强信贷联盟的国际联系。

4. 国际合作住房开发协会(IHDA)

国际合作住房开发协会于1966年9月在维也纳成立。它与国际合作社联盟的住房委员会在业务上有明确分工:住房委员会主要研究发达国家住房问题,而国际合作住房开发协会侧重于发展中国家的住房问题。它的宗旨是:动员人力和财力资源帮助发展中国家发展低成本的合作住房;在每个国家内建造私人非盈利住宅以满足低收入集团的住房需求；帮助发展中国家分析情况和制定住房政策；招募有经验的人员向私人组织和政府提供技术专家。

任务2 认知合作社原则

一、学习准备

合作社秉承哪些原则？

(一)知识准备

合作社的原则是合作社所制定的、在实践中所遵守，被证明是行之有效的、用来指导合作社发展的行为规范。在现代合作社160多年的发展进程中，尽管各国的合作运动产生的背景、发展的环境及其类型各有差异，但作为一种世界性的经济组织亦具有着国际通行的基本原则。

1. 罗虚代尔原则

1844年，世界公认最早的较规范合作社——罗虚代尔“公平先锋社”在英国的曼彻斯特诞生。随着罗虚代尔“公平先锋社”的成功，罗虚代尔“公平先锋社”在建设初期的办社准则被广泛传播(图1-5)。罗虚代尔原则主要内容概括如下：

图1-5 罗虚代尔“公平先锋社”

(1)入社自愿。凡参加罗虚代尔“公平先锋社”的成员，入社自愿，退社自由，但要承认合作社章程，履行社员的义务，承担社员的责任。

(2)一人一票。社员大会是合作社的最高权力机构，合作社的一切重大事项都必须经社员大会讨论决定。在表决时，每个社员无论股份多少，都只有一票的权利。

(3)现金交易。社员无论在何种情况下,不能以任何借口不用现金交易。不准赊购货物,也不准赊销货物,如有违反,不仅处以罚款,并认为不称职。

(4)按市价售货。为了保证合作社有一定的盈利,合作社按市场价格销售货物。盈利的分配,先扣除股息和经营费用,同时留一部分用做公积金和教育基金,其余大部分按社员购买额的比例进行分配。

(5)如实介绍商品,不缺斤少两。该原则要求向社员如实介绍商品情况,保证商品质量,不弄虚作假,不缺斤少两,树立诚实的商业作风。

(6)按业务交易量分配盈利。社员平时凭购货本购买,到一定时期进行结算,对盈余做了必要的扣除后,在年终时按各个成员在一年间同合作社发生的业务交易量的比例返还给社员。社员入社的股金可以获得利息,但不参加分红,而且股金的利息严格限制在一般不超过市面上通行的普通利率。

(7)重视对社员的教育。为提高社员的文化知识和思想修养,在先驱者格林伍德的倡导下,根据合作社的经济力量,逐步创办和发展了文化教育事业。1849 年合作社成立了教育委员会,1853 年社员大会修改了社章,规定合作社每年要盈余中提取 2.5%作为教育基金,对社员进行文化、合作思想和道德的教育。

(8)政治和宗教严守中立。合作社是劳动者为了共同的利益组织起来的共同体,为解决成员在生产和生活上的困难而实行自我服务的经济实体,是劳动者的联合。因此,合作社本身是没有任何政治背景和政治目的的、不参与政治和宗教的经济团体,同时合作社的大门对各种不同政见和信仰的人都是敞开的。

2. 国际合作社联盟原则

1995 年 9 月,国际合作社联盟第 31 届代表大会修改和重新确立了合作社的基本原则,修改后的合作社原则是:

(1)“自愿和开放的社员”原则。合作社是自愿加入的组织,它向能利用其服务并承担社员责任的所有人开放,任何人只要有业务上的需要都可以申请加入,不允许有任何性别、社会、种族、政治或宗教的歧视。加入合作社后必须有实际的交易。

(2)“社员民主控制”的原则。合作社是由社员管理的民主的组织,合作社的方针和重大事项由社员积极参与决定。社员民主管理的权利是通过社员大会体现出来的,合作社的方针政策、重大决定和重要活动都要经过社员大会讨论决定。在基层合作社,社员有平等的投票权(一人一票),其他层次的合作社也以民主的方式组成。

(3)“社员的经济参与”原则。社员的参与原则主要体现在社员必须向合作社投资和社员有管理资金的权利。社员对合作社的投资形式:一是作为取得社员资格并取得社员优惠的入股,可以是一股或多股,这种股金一般不支付红利;二是合作社从盈余中提取的公积金，作为社员扶持合作社的集体成果；三是当合作社发展对资金的需求大于合作社产生的利润时，合作社可能会要求社员在退休前或按某种周转的基数定期地向合作社投入他们红利中的一部分，合作社不支付利息。社员管理资金体现在：合作社为其他业务发展如何筹集资金的最终决策权属于社员；社员至少拥有集体积累的那部分资金的所有权；当合作社产生盈余时，社员有权利和义务决定其如何分配。

(4)“自治、自立”的原则。合作社是由其成员控制的自治和自助的组织，如果它们与其他组织（包括政府）达成协议或通过社外渠道筹措资本，社员的民主控制和合作社的自治原则不应由此受到损害。

(5)教育、培训和信息服务原则。合作社为其社员、选出的代表、经理及雇员提供教育和培训，以使他们能有效地促进合作社的发展。

(6)“合作社间的合作”原则。合作社要与其他种类合作社合作，扩大团结关系，得到更多社会网络资源，服务社员。

(7)“关心社区”的原则。合作社有责任保证促进所在地区经济的、社会的和文化的发展，有责任保护所在地区的环境。

图 1-6 为国际合作社联盟第九届亚太地区大会标志。

图 1-6 国际合作社联盟第九届亚太地区大会标志

3. 中国农民专业合作社原则

2007 年实施的《中华人民共和国农民专业合作社法》规定了农民专业合作社的五项基本原则：

(1)成员以农民为主体。农民专业合作社成员中农民至少应当占成员总数的 80%，并对合作社中企业、事业单位、社会团体成员的数量进行了限制。

(2)以服务成员为宗旨，谋求全体成员的共同利益。农民专业合作社的主要服务对象是合作社成员，对成员服务不以营利为目的，谋求全体成员共同利益。

(3)入社自愿、退社自由。凡具有民事行为能力的公民，能够利用农民专业合作社提供的服务，承认并遵守农民专业合作社章程，履行章程规定的入社手续的，都可以成为农民专业合作社的成员。农民可以自愿加入一个或者多个农民专业合作社，入社不改变家庭承包经营；农民也可以自由退出农民专业合作社。

(4)成员地位平等，实行民主管理。合作社的事物由积极参与政策制订和决策的成员管理。农民专业合作社成员大会是本社的权力机构，成员可以通过民主程序直接控制本社的生产经营活动。

(5)盈余主要按照成员与合作社的交易量（额）比例返还。合作社可分配盈余中按成员与本社的交易量(额)比例返还的总额不得低于可分配盈余的60%，其余部分可以依法以分红的方式按成员在合作社财产中相应的比例分配给成员。

(二)资料准备

(1)利用现有的图书馆或资料室报纸杂志、电脑、网站、WiFi等网络环境条件，查找罗虚代尔原则、国际合作社联盟原则、中国农民专业合作社原则内容；

(2)教师准备的资料单：关于罗虚代尔原则、国际合作社联盟原则及中国农民专业合作法中关于其原则的相关文章。

如何设计和实施学习任务？

二、项目设计与实施

【项目设计】(图1-7)

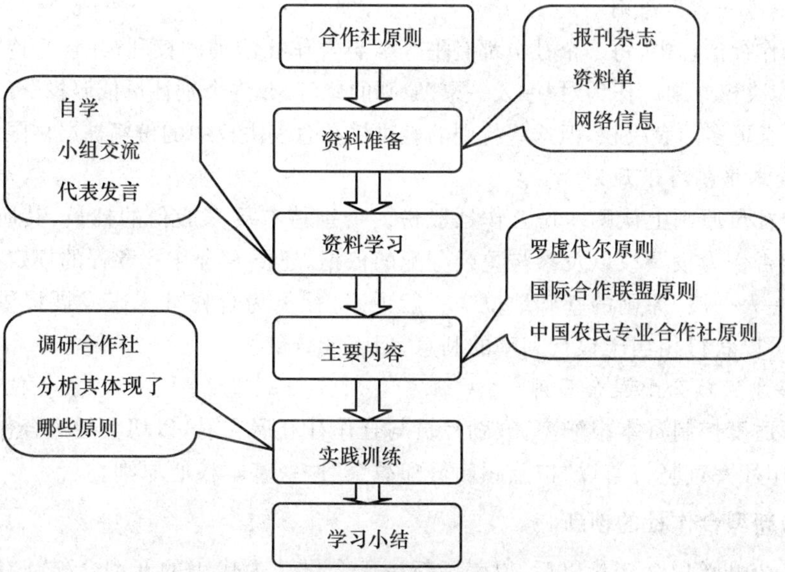

图1-7　认知合作社原则学习任务完成流程

(1)安排学生课前预习罗虚代尔原则、国际合作联盟原则及中国农民专业合作社原则。

(2)在教师的指导下，通过多种信息渠道查询资料。关键词有：罗虚代尔原则、国际合作联盟原则、农民专业合作社原则。

(3)汇总查找的相关资料，分小组交流学习。

(4)教师指导学生分小组调研当地一个农民合作社，分析其成立和发展体现了哪些合作社原则，分小组写一份分析报告。

(5)每组选一个代表，在全班讲解小组的学习路径、学习收获，组员补充收获的内容。

(6)教师组织发动全班同学讨论、评价各小组的学习情况，达到全班同学共享学习资源和收获体会，巩固所学的知识内容。

三、学习拓展

(一)合作社的经典原则

自世界上第一个合作社诞生至今的160多年时间里，合作社的原则不断被修订，但合作社本质规定性的三个原则自罗虚代尔先锋社以来基本未变。这三个原则是：

1.“一人一票”原则

在合作社治理中，每一个社员都有平等参与合作社治理的权利，并且坚持“一人一票”的表决权原则。作为对“一人一票”原则的修订，允许个别社员依照投资额或者交易额享有更多的表决权，但这些特别的表决权在总表决权中的份额被严格限定。

2. 资本报酬有限原则

一个社员原则上认购一份合作社股份。个别持有更多股份的社员，其所持有的股份能否作为投票权以及参与盈余分配的依据，还要看合作社章程的规定，并不得否定“一人一股”原则的基础地位。一般说来，社员为合作社未来发展提供的额外资本，可以获得相当于银行利率的利息，但不能分红。

3. 按惠顾额分配盈余原则

为了适度控制资本报酬率，鼓励社员与合作社开展交易，以切实促进合作社的发展，合作社一直坚持着以“按惠顾额分配盈余”这一基本核心原则。

(二)新型合作社的创新

进入20世纪90年代以后，以美国新一代合作社为代表的新型合作社在合作社法律原则发生了重大的革命性变化，其创新之处表现在：

1. 社员资格由开放向封闭发展

传统合作社坚持成员资格开放原则。新一代合作社对其社员资格实行了限制，合作社根据其合理的经营规模确定资本总股本和接受社员的数量，并按社员投股数量确定其产品限额。这一原则的变革避免了成员资格开放带来的合作社不稳定和超负荷运转的可能性，但也可能使真正需要合作的农户无法加入，合作社在理论和实践上始终面临着对公平与效率的矛盾抉择。

2. 民主控制、经济参与原则向"比例原则"发展

比例原则的核心是合作社的控制、所有权和剩余分配决策都建立在交易额比例之上。这样一来，社员的股份、投票权、分配盈余的权利都与交易额相关。比例原则除了使权利与义务对等外，还可以激励社员多与合作社交易，有效地解决了合作社内部搭便车现象，提高了合作社的运行效率。

3. 经营战略上强化了营利能力

传统合作社是服务取向的，新一代合作社在坚持服务取向的同时，强化了合作社的市场营利功能，努力将合作社打造为具有较强营利能力的市场经营主体。传统合作社往往是以销售初级农产品为主，而新一代合作社普遍对初级农产品进行加工，注重创造农产品附加值以提高其经济价值。此外，为了提高合作社的经营管理水平以适应激烈的市场竞争，新一代合作社开始公开招聘管理人员，实行专家管理，一切重大事项都要经过可行性研究。新一代合作社的经营管理机构趋向专业化、职业化，大大提高了其市场竞争力。

任务 3 认知合作社类型

一、学习准备

合作社都有哪些类型？

(一)知识准备

合作社的类型可以从不同的角度，按不同的分类标准来认识。一般按照如下 5 个标准对合作社进行分类。

1. 按合作社涉及领域，分为生产领域合作社和流通领域合作社

流通领域的合作社又可以分为三类，即供销合作社、信贷合作社和服务合作社，如图 1-8 所示。

(1)生产合作社。是在农业生产的主要环节上为提高劳动生产率、降低成本，而共同作业、共同利用的农民互助组织。

(2)供销合作社。是指购进各种生产资料出售给社员，同时销售社员的产品，以满足其生产上各种需要的合作社，是当前世界上较为流行的一种合作组织。

(3)信贷合作社。是为农业生产者提供资金融通，包括长期、中期、短期贷款的合作社。

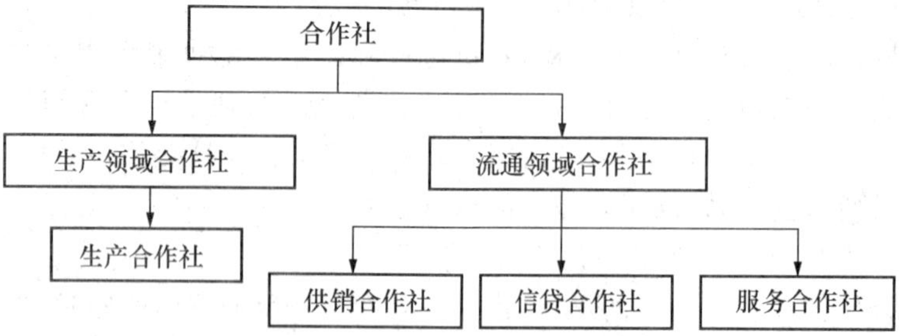

图 1-8 按合作社涉及领域分类

(4)服务合作社。即通过各种劳务、服务等方式，提供给社员生产生活一定便利条件的合作社。如租赁合作社、劳务合作社、医疗合作社、保险合作社、技术服务合作社(图 1-9)等。

图 1-9 农机服务合作社

2. 按合作社从事事业，分为专业性合作社和综合性合作社(图 1-10)

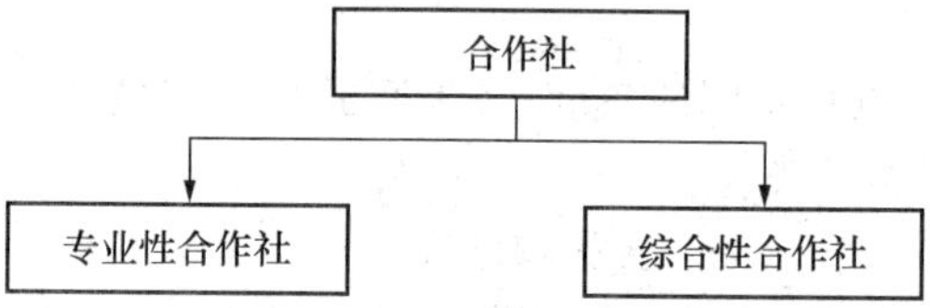

图 1-10 按合作社所从事事业分类

(1)专业性合作社。以某一产品或某种功能为对象组成合作社，如奶牛合作社、蔬菜合作社，或销售合作社、农机合作社等。

美国、法国、荷兰等欧美国家主要是发展专业合作社。专业合作社一般规模都比较大，形成了比较完整的合作社体系。专业合作社基本都是从发展销售合作社开始，继而扩大到农用物资供应和农产品加工。

阅读小资料

美国合作社从事的业务种类

美国合作社大都属于专业性质的,如奶牛合作社、家庭保姆(女工)合作社、住房合作社、农业机械设备合作社等;但也有以地区名称的综合性合作社,如南部合作联社、全国诸郡联合社、全国合作联社等。无论什么类型的合作社,都会开展不只一种业务。如西北电力合作联社,为农场主们提供资金帮助、保险、用电、培训、雇员福利、游说政府等服务。犹它州一个肉牛合作社为成员们提供防疫技术服务、商业信息、品种选择介绍等作用(相当于行业协会)。它们所开展的业务有的属于赚钱性质,是在可以赚钱的领域让社员们进行合作;有的属于服务性质,即用政府的扶助项目,或者公司的捐助款项,或者合作社的公积金、公益金为社员们(会员们)提供保险、资金帮助、培训等服务。

(资料来源:http://club.kdnet.net/dispbbs.asp? boardid=3&id=1949539)

(2)综合性合作社。综合性农民合作社不仅有生产经营功能,还有农业技术推广、资金融通、农产品加工、购销等功能;不仅有经济功能,还有为农民提供文化教育、体育健身、福利劳保等社会事业的功能。亚洲的日本、我国的台湾则主要发展综合性的农协。

阅读小资料

台湾农会

台湾省自1900年在台北三峡镇成立第一个农会以来,发展历史已超过100多年头。台湾农会工作范围包括农村推广、经济、金融、保险等。农业推广由农会的推广部(股)承担,工作范围涵盖农业发展、农村建设、农民福利和生产、生活、生态等各个方面。经济工作一般由农会的供销部承担。工作范围包括畜产品、农产品运销、仓储、加工、制造、批发、零售、农业生产资料进出口、加工、制造及农村副业、农业旅游及农村休闲事业等。金融事业是农会信用部的业务。乡镇农会从事金融事业,农会信用

阅读小资料

部成为台湾农业金融制度中一项重要设计，在台湾农村金融、台湾政策性贷款以及农会财务的支持上，扮演了不可或缺的角色。农会保险部门重要业务包括家畜保险、接受政府委托代表农民健康保险以及全民保险和农会员工互助保障业务三大部分。

（资料来源：http://www.taiwan.cn/zt/jmkj/dishiliujielutaijing-maohui_1/）

3. 按合作社是否发行股票，分为股份合作社和非股份合作社(图 1-11)

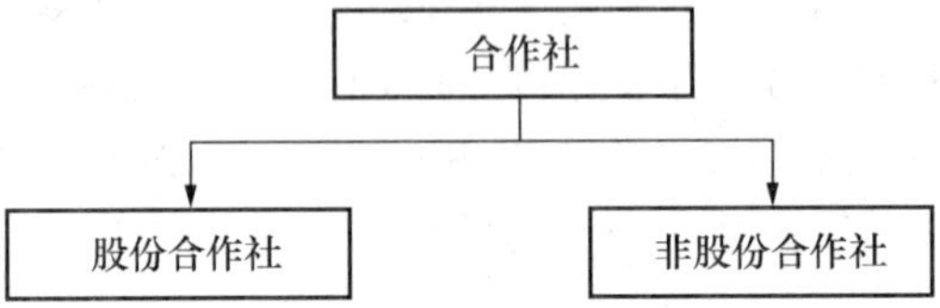

图 1-11　按合作社是否发行股份分类

(1)股份合作社。股份合作社是以发行股票的办法筹集资金，其他方面仍与一般合作社无异。股票的持有人就是合作社的股东和所有者，股票是股东股份所有权证明，可以买卖、转让或继承。股份合作社成员不能退出合作社，只能通过出售其所有的股票的办法与合作社脱离关系。

(2)非股份合作社。非股份合作社是通过发给社员入股证书以证明他们在合作社中权利的合作社的总称。

3. 按合作社的纵向层次，分为国际合作社联盟、全国总社(中央联社)、地方联社和基层合作社(图 1-12)

(二)资料准备

(1)利用现有的图书馆或资料室以及报纸杂志，查找合作社的信息资料；

(2)利用现有的电脑、网站、WiFi 等网络环境条件，查找有关生产、供销、信贷、服务合作社等不同类型合作社的信息资料；

(3)教师准备的资料单：关于合作社分类标准、不同类型合作社的相关文章。

如何设计和实施学习任务？

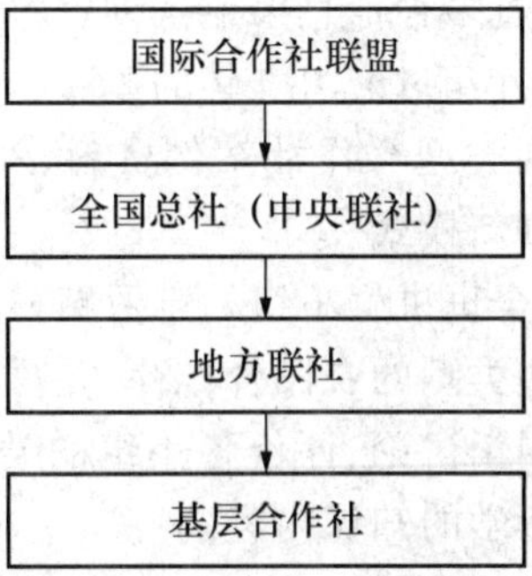

图 1-12　按合作社纵向层次分类

二、项目设计与实施

【项目设计】(图 1-13)

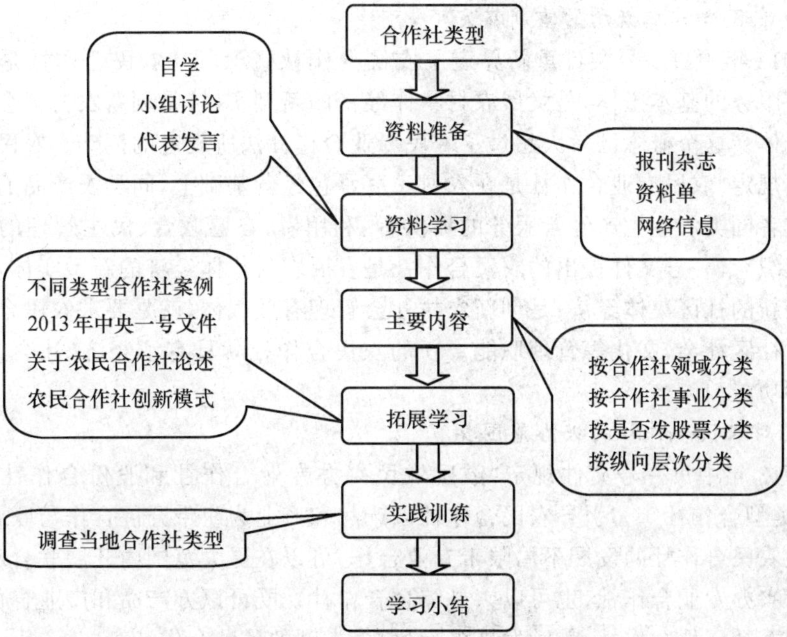

图 1-13　认知合作社类型学习任务完成流程

【项目实施】

(1)安排学生课前预习生产合作社、流通合作社，专业合作社、综合合作社，股份合作社、非股份合作社，全国总社、地方联社、基层合作社等类型内容。

(2)在教师的指导下,通过多种信息渠道查询资料。关键词有:合作社、类型。

(3)汇总查找的相关资料,小组讨论,用集体的智慧完成一份较好的学习收获体会。

(4)分小组拓展学习不同类型合作社案例资料、2013 年中央一号文件关于农民合作社论述、农民合作社创新模式。

(5)每组选一个代表,在全班讲解小组的学习路径、学习收获,组员补充收获的内容;分小组调查当地有哪些类型的农民合作社,并写出一份调查总结。

(6)教师组织发动全班同学讨论、评价各小组的学习情况,达到全班同学共享学习资源和收获体会,巩固所学的知识内容。

三、学习拓展

(一)2013 年中央一号文件新提法

2013 年中央一号文件首次提出农民合作社概念,把发展农民合作社作为建设现代农业、增强农村发展活力的一项重要措施。

1. 农民合作社概念的重新界定

2013 年中央一号文件重新界定了农民合作社概念,即"农民合作社是现代农业经营服务的基本主体,是发展农村集体经济的新型实体,是创新农村社会管理的有效载体。"这个概念已大大超过了农民专业合作社法所规定的范畴。农民专业合作社法规定"农民专业合作社是在农村家庭承包经营基础上,同类农产品的生产经营者或者同类农业生产经营服务的提供者、利用者,自愿联合、民主管理的互助性经济组织"。一号文件提出的农民合作社是发展农村集体经济的新型实体,就是要求发展新的社区集体经济;是创新农村社会管理有效载体,就是要求农民合作社承担农村社区社会、文化等管理职能。新的农民合作社就具有了经济、社会、服务等综合性功能。

2. 对农民合作社的兴办范围拓宽

2013 年中央一号文件规定"鼓励农民兴办专业合作社和股份合作社等多元化、多类型合作社"。"引导农民合作社以产品和产业为纽带开展合作与联合"。这就是说农民合作社的发展不局限于专业合作,可以在更大范围内开展联合和合作,既可以兴办专业合作社,也可以兴办综合合作社。既可以办产品和产业合作社,也可以兴办社区性合作社,鼓励发展多元化、多类型的各种合作社。

3. 对农民合作社的服务和业务范围提出新要求

2013 年中央一号文件指出,要"切实提高引领带动能力和市场竞争能力",要逐步扩大农村土地整理、农业综合开发、农田水利建设,农技推广等工作合作社承担的规模。"对示范社建设鲜活农产品仓储物流设施、兴办农产品加工业给予补助”,“规范合作社开展信用合作”。文件的这些规定,就大大地拓宽了农民合作社的业务范围,特别是兴办仓储物流业、农产品加工业、开展信用合作等,更有利于加快农民合作社由专业社向综合社发展的步伐。

(二)农民合作社创新模式

1. 安徽宿州农业产业联合体模式

安徽省宿州市是全国农村创新农业经营组织体系改革试验区,主要是进行家庭农场、农民专业合作社和农业企业等三大经营主体试验。在实践中,他们又创新出了现代农业经营组织——农业产业联合体。联合体通过三次产业联动,三大主体融合,实现联合体产业组织一体化,生产规模化、服务社会化、经营集约化,解决农业生产经营中存在的农业与二、三产业之间、生产力与生产关系之间、生产要素之间“脱节”问题。如安徽省宿州市百亩良园“蔬菜产业联合体”,就由百亩良园农业公司、八张富民等五家瓜菜合作社和10家蔬菜家庭农场组成,实现产销一体,为周边城市提供新鲜蔬菜,菜价比市场低10%～20%。有效地开拓了社社合作、产销合作的新途径。

2. 山西蒲韩乡村社综合农协

山西省永济市蒲韩乡村社综合农协,横跨蒲

州、韩阳两个乡镇24个行政村和19个自然村,会员4 000多户、服务农民群众已超过2.5万人。协会已成为大宗农产品运销、有机农业种植和技术推广、农资购买和消费品购销、信用合作以及老年服务、健康服务、社区教育、农耕文化等多功能齐备的综合农协,为农民共富、城乡合作、社区稳定有序闯出了一条新路子(图1-14)。

图1-14 蒲韩社区发源地寨子科技中心

四、评价反馈

评价反馈过程和内容见附件。

项目二　认知国内外合作社发展现状

【项目目标】

完成本项目学习后，你应该能

1. 知道国外合作社的主要组织模式
2. 根据国外合作社的发展经验，开展农民合作社相关工作
3. 利用国家对农民合作社的各项扶持政策开展工作，壮大发展合作社

【引导案例】

阿斯米尔联合花卉拍卖合作社

荷兰阿斯米尔联合花卉拍卖合作社已有近100年历史，坐落在有着“世界花卉之都”美称的北荷兰省阿斯米尔自治市，由14个基层合作社组成，总共拥有近5 000名会员。换句话说，阿斯米尔是合作社的合作社。

阿斯米尔的会员拥有合作社的控制权。每两年一次的全体会员大会无记名投票产生9名代表组成合作社理事会。理事会下设交易和定价部、后勤服务部、自动化部3个主要部门以及政务部、人事部、秘书部和技术部4个辅助部门。此外，还建立了一个由花农、专家、科学研究人员组成的监督委员会，对市场经营提出建议和意见。

阿斯米尔占地10公顷，地上建筑72万米^2，拥有5个拍卖大厅，是由合作社投资建设的。每天拍卖的花卉80%销往世界各地，20%销售在国内。这里平均每天卖出1 500万支切花和150万盆植物，每年销售35亿支切花和3.7亿盆植物，年交易额达16亿欧元。

只有会员才能在阿斯米尔进行交易。每天早晨，会员们把所有花卉产品送到

市场，分级后由运输公司晚间运往拍卖市场，供第二天早晨拍卖。在巨大的拍卖大厅内，拥有各种经营服务机构，如会议厅、装卸中心、包装车间、冷藏中心、分运车间、运输公司、航空货运站、海关、植物防疫站、银行、会计事务所和各种咨询公司。350多个花卉出口商和批发商在此设立了办事处。从货运到拍卖，从包装到分运，从转运到转账支付等各个交易环节，运行效率极高。

阿斯米尔的主要收入来源是向花农提取占鲜花成交总额约4.3%的销售手续费（含税金）。年终结算后，每年对下一年的经营形势做出评估，除了留下运转资金及适当储备金，保证拍卖市场的正常运转之外，其余则按照全年成交金额的比例返还给花农。值得注意的是，其剩余收益是按照对合作社交易成交额的贡献比例分配的，而非出资金额。这正是合作社的特别之处。

（资料来源：http://data.book.hexun.com/chapter-17198-2-3.shtml）

案例点评：合作社首先提高了社员利益保护能力。由于合作社共同销售农产品，提高了组织化程度，成为与中间商抗衡的力量，增强了农民在农产品贸易中的谈判地位。其次增强了农产品市场竞争力。合作社注重促进科技推广，提高农产品质量，能够在竞争中以新品、优质、品牌取胜。第三，通过合作社组织体系，对农民的生产经营进行指导，可以防止恶性竞争。荷兰阿斯米尔联合花卉拍卖合作社的成功运营充分体现了专业性农业合作社的这些优势。

任务1 认知国外合作社组织模式及发展经验

一、学习准备

国外合作社的主要模式及发展经验有哪些？

（一）知识准备

1. 国外合作社的种类

各国农业合作社在发展过程中，因国情、制度及条件差异形成了各具特色的组织模式，主要有以下几种：

(1)农场型合作社。这是国外早期农业合作社的主要形式，在美国、巴西、加拿大、意大利、印度等国都有存在。其是由小规模家庭农场主自发建立的以从事农产品购销联合为主要内容的合作社。合作社以土地私有为前提，在不改变家庭经营的基础上，由拥有生产资料所有权和独立经营权的农场主，自愿以土地入股组成，从而扩大了土地规模,形成了大农场型的合作社。社员通过合同形式连接到农业产业一体化组织体系中。合作社提供农业生产资料和农产品生产、加工、销售等产前、产中、产后各环节的系列化服务,既满足了分散农户的需要,也做到了在经济上有利可图。这种合作社便于开展专业化合作。

阅读小资料

优鲜沛合作社

优鲜沛合作社成立于1930年,最初由马萨诸塞州和新泽西州的三个蔓越橘(Cranberry)种植园农场主发起成立。合作社在1930年成功地开发出了蔓越橘鸡尾酒,使合作社成为第一个把蔓越橘加工成饮料的企业。1963年,合作社又开发了饮料行业第一种混合果汁——Cran Apple牌的蔓越橘苹果饮料。1976年,合作社开发的Ocean Spray牌的葡萄柚果汁、葡萄柚粉红鸡尾酒迅速占领市场。1991年,该品牌葡萄柚红玉果汁饮料同样获得巨大成功。紧接着,合作社又开发了一系列包括草莓、柑橘、柱果等水果与葡萄柚的混合饮料。

优鲜沛合作社还开创了美国饮料市场无菌包装的先河,现在超市货架上的果汁无菌盒包装就是由优鲜沛饮料于1981年首先发明使用的。而且现在广泛使用的PET塑料瓶饮料包装也是由优鲜沛合作社于1985年最先使用的。合作社对产品的创新从来没有停止过,1999年优鲜沛开发了葡萄柚加钙鸡尾酒,2001年又开发出了无色蔓越橘饮料,2004年开发出了冰蔓越橘茶饮料。同年合作社发布了其产品的新包装,商标图案简洁明快、色彩生动,很好地传达了产品的精髓和合作社的精神宗旨。

目前,优鲜沛合作社由超过650个来自美国马萨诸塞州、威斯康星州、新泽西州、俄勒冈州、华盛顿州,加拿大不列颠哥伦比亚省的蔓越橘种植者以及100多个美国佛罗里达州的葡萄柚种植者联合组成。该公司2005年财务报告显示,优鲜沛的总销售额为140亿美元。

(资料来源:王平,王国连,刘立彬。农村合作制理论与实践教程。北京:中国环境科学出版社,2010:234)

(2)专业性农业合作社。此类合作社在欧美最为普遍,如美、加、德、法等国家都有存在。这类合作社专业性较强,是以某一农产品或某种功能为主业,通过成立行业协会或专业性合作社而加以组建的,具有严密的组织体系,并且有政府制定的法律规定保证其健康发展。如奶牛合作社、小麦合作社、玉米合作社、农机合作社等。专业性合作社不受社区限制,基本上都是跨区经营,有些专业性合作社形成了覆盖全州,甚至全国的网络。一些大的合作社本身就是经济实体,有的实力特别强,已发展成为规模巨大的跨国集团。在欧洲,从小麦、玉米、大豆、牛肉到胡萝卜、马铃薯等,几乎每个农产品都有一个行业协会。

为避免专业性合作社单一性经营导致农产品商品率低的缺点,许多专业性合作社开始联合或兼并,以大规模、多功能的经营方式为农民提供有效服务,满足农民从事商品生产的种种需求。有的专业性合作社通过大力发展农产品的深加工和精加工,大幅度增加农产品的附加值,以增加合作社收入(图 2-1)。

图 2-1 德国卡施泰特合作社的养牛场

(3)综合型社区农业合作社。这种合作社在东亚较为普遍,也适合东亚地区的小农经济。其中以日本、韩国最为典型。综合型社区合作社是根据土地私有、家庭为单位的分散生产经营、土地和经营规模都很小的特点,在一定区域内,由当地农户自愿联合建立的多功能、综合性服务组织。综合型社区合作社以农户家庭生产经营为前提,开展生产指导、生产资料购买、农产品销售、生活资料供应、信贷、储蓄和保险以及社员福利等综合型合作与全方位服务。

但随着市场经济的发展,生产专业化和农民分化导致了农民生产经营的差异性,社区事业的公益性和对外营利性出现了矛盾,产权的不明确影响了社员劳动经营的积极性。同时,由于社员的多元化也引起需求的多元化。为适应经济社会环境的变化,许多综合型社区合作社不断进行组织创新,开始合并、重组、改良,引入企业化经营机制,出现了综合型社区合作社向专业型合作社过渡的发展趋势。

(4)公社型农业合作社。这类合作社以以色列基布兹为代表,在其他国家很少见。坚持自愿加入的原则,以土地集体所有为前提,从幼儿入托到农业劳动、副业和工业生产,以至于住房、教育、银行、保险、生活、医疗、娱乐和旅游等,实行生产、经营、生活的高度集体化,并实行“各尽所能,按需分配”,是典型的农村共产主义公社。这种公社型农业合作社属于特例(图 2-2)。

图 2-2 以色列基布兹-荷斯坦奶农俱乐部

(5)信用合作社。随着经济形势的发展,到 19 世纪,消费合作社和一些农业合作社为满足社员的需求,建立了自己的银行机构。现在,合作金融机构已遍布世界各地,例如,德意志合作银行、荷兰拉博银行(农业合作银行)、法国农业信贷银行、日本农林中央金库、美国农业信贷银行和国家合作银行等。

信用合作社的参加者,只要愿意承担社员义务、按规定交纳股金,都可以享受信用社的融资及有关优惠政策。信用合作社充分体现了自愿、自助、平等、互利、民主、公平、团结等合作经济思想,其根本宗旨与经营目标是:不以追求利润为目标,而以为社员提供服务和帮助为目标,为促进农村经济发展为目标。

(6)服务型合作社。19 世纪末,欧洲出现了为社员提供各种生活服务的合作社,这些合作社都是社员们为了共同利益走到一起的,所以有着非同寻常的凝聚力。如住房合作社、医疗合作社、保险合作社、托儿合作社、电力电话合作社等。

阅读小资料

在美国,有 5 万多个家庭利用合作社日托中心;在日本,婴儿在合作社医院里出生;在哥伦比亚,孩子们在合作社办的学校里学电脑;在瑞典,许多家庭住在住房合作社建造的房子里;在苏格兰,居民在合作社商店里购买生活用品(合作社商店是欧洲最著名的连锁店之一);在印度新德里,消费者购买由合作社提供的牛奶;在英国,消费者可以向合作社保险公司购买保单;在斯里兰卡,信托和储蓄合作社的代表高达数万人。这样的例子举不胜举。

(资料来源:王平,王国连,刘立彬。农村合作制理论与实践教程。中国环境科学出版社,2010:239)

2. 国外合作社的发展经验

(1)科学的合作原则。各国在发展中都坚持了合作社的基本原则,如所有者与惠顾者同一;成员民主控制;资本报酬有限;按惠顾额分配盈余等原则,从而确保了合作社的宗旨不变,合作社质的规定性不变。

(2)因地制宜的发展模式。国外农民专业合作社按照发展模式可以分成两种类型:自上而下模式和自下而上模式。美国为代表的农民专业合作社是在农村商品经济比较发达,市场法律法规比较健全、农民文化素质和民主意识已经得到较大提高的条件下自下而上发展的;而像日本这样的国家人多地少,合作社如果仅靠自身的力量很难发展,他们的合作社采用的是综合合作社的形式,基本上是靠政府的扶持发展的,政府在农协中的力量非常大。

(3)严密的组织体系。严密的组织机构和规章制度,包括合作组织章程、以社员为主体的明晰的产权制度、组织内部机构以及财务管理公开制度,规范运作,是农民专业合作社成功运作的基础。例如日本农协采取的是三级系统的组织体系,并且与行政系统相对应,比较利于政府农业政策的贯彻执行。美国农场主合作社从组织结构上分为集中型合作社、联盟型合作社和混合型合作社。

(4)政策支持。从世界范围看,各国政府对合作社、农协和其他农民经济组织无一例外地采取了支持的态度,并努力创造良好的政策环境。各国对合作社的政策支持主要体现在:以法律的形式确定合作社的地位、作用,给合作社公平的市场主体地位,保证合作社权益不受侵害;在不干预合作社内部经营管理的前提下,政府给予合作社有效的财税支持;在合作社发展的不同阶段,各国政府给予合作社的支持政策有所差别;通过合作社执行某些农业补贴职责,已成为各国普遍遵循的惯例之一。

(二)资料准备

(1)利用现有的图书馆或资料室以及报纸杂志,查找有关国外合作社的案例资料。

(2)利用现有的电脑、网站、WiFi 等网络环境条件,查找有关国外合作社模式及其发展经验的信息资料。

(3)教师准备的资料单:关于国外合作社的模式及发展经验与启示的相关文章。

如何设计和实施学习任务?

二、项目设计与实施

【项目设计】(图 2-3)

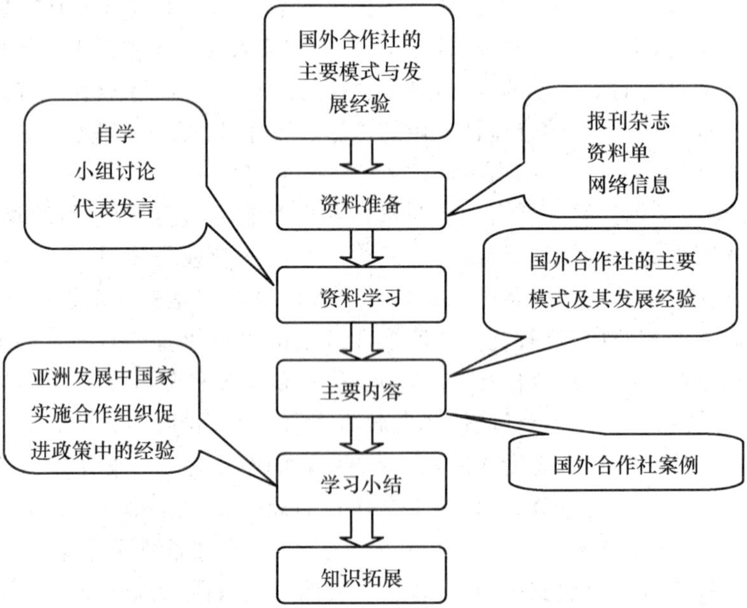

图 2-3 认知国外合作社主要模式及发展经验学习任务完成流程

【项目实施】

(1)安排学生课前预习国外合作社模式和发展经验相关内容。

(2)在教师的指导下,通过多种信息渠道查询资料。关键词有:国外合作社、模式、发展经验等,汇总查找的相关资料。

(3)在教师安排下对学员进行分组,每组结合所搜集资料讨论两个案例,根据教师要求每组写出一份学习体会;每组选一个代表,在全班讲解小组的学习路径、学习收获,组员补充收获的内容。

(4)教师组织发动全班同学讨论、评价各小组的学习情况,达到全班同学共享学习资源和收获体会,巩固所学的知识内容。

(5)教师指导学员学习知识拓展内容,了解农民专业合作社的发展趋势,并布置任务思考题。

三、学习拓展

(一)亚洲发展中国家合作社发展经验

亚洲发展中国家的印度、泰国、越南、以色列等国，通过财政金融支持与农业保险机制，成功推进了农业合作社的发展，保障和提高了农民的利益，缩小了贫富差距，维持了社会稳定和经济的发展。亚洲发展中国家对农业合作社发展支持的经验有：

1. 强有力的财政政策支持

泰国、印度、越南和以色列作为农业发达的发展中国家，其农业合作社各具特点，但是各国对其支持的财政政策却大致相同。一是农业合作社的起步阶段都得到财政强力支持；二是农业合作社的发展过程都得到财政大量补贴。主要有：补贴政策，如印度在农业合作社快速发展的阶段，政府充分利用 WTO 关于“绿箱政策”和“黄箱政策”对农业生产的投入品肥料、电力和灌溉进行补贴；税收政策，如 2010 年泰国为推动生产的高度机械化，全境免收设备进口税，对企业法人实行 8 年的所得税优惠；直接拨款支持，如越南财政每年拿出数万亿越南盾兴修基础设施，2009 年越南政府投资 11 万亿越南盾用于红河平原的水利设施，服务于水产养殖业的发展。以色列政府每年投入的农业科研经费上亿美元，占农业总产值的 3%。

2. 全方位的金融政策支持

以上国家的农业合作社在发展初期都得到金融部门的有力支持，如印度在农业合作社发展初期，主要依靠以农业发展银行提供资金支持，同时允许通过私人借贷获得大量资金；规定农业贷款的投入比例，如泰国在农业合作社迅速发展时期，规定商业银行的农业信贷放款额必须以 2%的比率逐年递增；对农业贷款实行低息政策，如在印度，对于农民一定期限内未能偿还的贷款给予免除，或者按照 25%的比例免除，以解除由于债务危机给农业社区发展带来的困难；规定商业银行贷款的投放去向，如为了更好的服务农业发展，泰国和印度都规定，商业银行存款来自农村合作组织的按 60%返还其建设；国家多方位提供金融支持，以上国家的农村合作组织在发展过程中可以得到多方位的金融支持，不但可以从正规金融机构获得信贷资金，而且还可以从各种基金、债券等获得多途径的金融支持，如泰国通过借助国家财政预算建立了农业合作社发展基金、农业和农业合作社银行(隶属财政部的国有银行)，农业合作社可以多途径寻求贷款资助。

3. 印度和泰国分机构共同承担农业保险

在 1999 年后，印度开始施行综合性的保险计划，国家农业保险计划和巨灾保险计划，一些关于国计民生的畜牧业和种植业农业合作社得到了巨大发展。印度的农业保险体系成功地通过国家牵头，保险公司操作，金融机构协助模式，降低了风险，推动了印度的农业合作社健康成长。泰国1978年开始推行农业保险，其保险机制与印度大同小异，也是分机构共同承担农业保险，对农业所带来的风险进行分散。

(二)政府对合作社给予支持的依据

在世界上的许多国家中，政府都对合作社的发展给予了积极的政策支持。政府之所以有必要对合作社的发展给予特殊的政策援助，其依据主要是：

首先，合作社是由社会弱势群体联合而成的自助性经济组织，是弱势群体通过联合而形成的集体力量，以互助的方式使社员摆脱经济和社会困境，提高他们的经济、社会地位，使他们也能得到更好发展机会的组织，因此，也是有利于社会稳定、实现社会健康发展的组织。各国的实践表明，对合作社的建立和发展给予政策支持，是减少和缓解社会矛盾费用较低而且效果较为显著的办法。

其次，虽然合作社也是经济组织，但是它与盈利企业有本质的不同。盈利企业的目的是追求效率，而合作社则要在社员的范围内实现公平，保护和增进社员利益。公平是公共产品，其供给是政府的责任，是政府应当向社会提供的产品。既然合作社在一定程度和一定范围内实现了公平，并为此支付了一定的成本，从而使其在市场竞争中处于不利地位，那么，政府就有必要将合作社与盈利企业区别对待，对合作社的发展给予特殊支持，以消除它们与盈利企业在市场竞争中的不平等。

任务2 认知中国农民专业合作社发展

一、学习准备

中国农民专业合作社的发展现状如何？

(一)知识准备

对中国农民专业合作社发展的认识可以从其发展现状、特点和存在的问题几个方面加以了解。

1. 农民专业合作社发展现状

自第十届全国人民代表大会常务委员会第二十四次会议通过了首部《中华人民共和国农民专业合作社法》，各种形式的农民专业合作社逐步发展起来。随着合作社的蓬勃发展，农民看到了入社的诸多实惠，入社农民收入普遍比其他农户高出20%以上。截至2012年3月底，全国范围内在工商部门登记的合作社已有55.23万家，全国入社农户有4 300万户，约占全国农户总数的17.2%。合作社的业务范围已从过去的信息服务拓展到农技推广、土肥植保、加工、储藏和销售等各个环节。2011年底，以生产技术、信息服务为主的合作社占比达到21.8%，以运输、仓储服务为主的合作社占比达到6.1%，以加工、销售服务为主的合作社占比达到占21.8%。农民专业合作社的经营能力不断增强。农民专业合作社不仅能够实现农民间的合作经营，也开始逐步承担有关支农项目的实施，提高了农民的直接参与程度和受益水平。农民专业合作社的经营规模也不断扩大。一些地区出现跨行业的农民专业合作经济组织。

2. 农民专业合作社发展特点

我国农民专业合作社的发展特点可以归纳为：一是涵盖农林牧渔产业，具有当地自然与人文资源特色；二是跨社区发展，包括跨乡镇、县、市、省，甚至跨国；三是“从田头到餐桌”的“生产—加工—销售”一体化，增加了农业附加值；四是与企业合作，建立“公司＋合作社＋农户”的紧密型利益共同体；五是在村专业合作社的基础上成立县及县以上的联合社，在更大的范围联合起来，优化资源配置，提高农业综合生产能力、市场竞争力、抗御自然风险能力；六是健全内部治理机制，实行民主管理，维护农民的合法权益；七是坚持土地“三不变”（集体所有、家庭承包经营、农业用途）和依法、自愿、有偿的原则，促进土地经营权的流转，形成适度规模经营，提高农业现代化水平；八是推行生态农业，改善农业生态环境，发展无公害—绿色—有机食品，确保食品安全，实现农业的可持续发展与良性循环；九是在合作社内部，实行以工补农、建农、促农的措施，增加对农业的投入，改善生产条件，增强抗灾能力；十是解决农业剩余劳动力就业与出路问题，增加工资性收入与财产性收入。[郭书田．农业合作社的历史、现状与未来．农村工作通讯，2012(14)：27-29]

3. 农民专业合作社发展中的问题

我国农民专业合作社发展中的问题主要有：认识不足导致专业合作社发展不足、运行不规范和发展不平衡；管理不规范致部分农民专业合作社组织机构、制度不健全，缺乏民主管理和正常监督，未形成“利益共享、风险共担”的利益关系；服务层次低、经营效益差，农民专业合作社大多数只停留在提供信息、技术咨询等服务上，业务内容单一，主要集中于农、林、牧、渔业的产品购销上，难以实现教育农民、组织农民抵御市场风险、大幅度增收的目标；对农民利益保护不够，与社员只是简单的买卖关系，停留在生产环节或技术方面的简单合作，并没有解决把农民组织起来进入市场的问题，更不用说保护农民利益了；支持政策不配套，在项目、资金、信贷、税收、科技投入等方面的扶持力度不够。

(二)资料准备

(1)利用现有的图书馆或资料室及现有的电脑、网站、WiFi等网络环境条件,查找有关我国合作社发展情况信息资料;

(2)通过网络,查找我国农民专业合作社发展案例资料;

(3)教师准备的资料单:关于我国农民专业合作社的现状、发展特点与存在问题的相关文章。

如何设计和实施学习任务?

二、项目设计与实施

【项目设计】(图2-4)

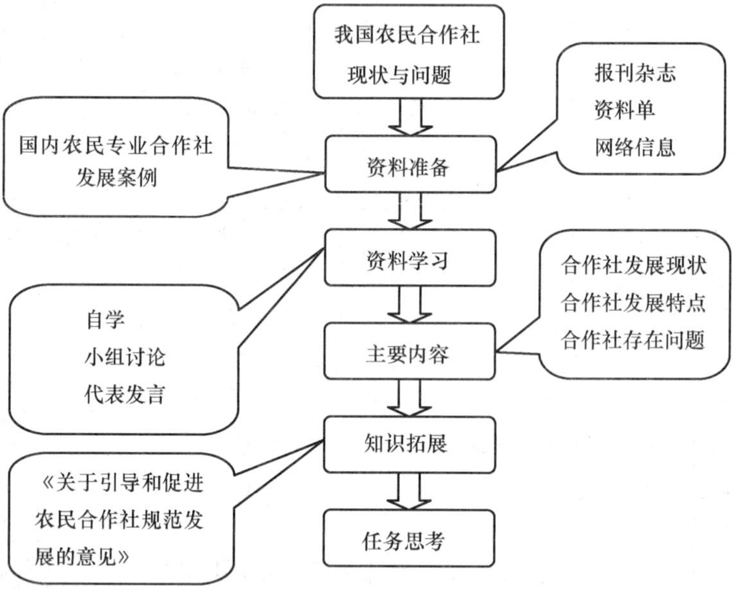

图2-4 认知中国农民专业合作社发展学习任务完成流程

【项目实施】

(1)在教师的指导下,安排学生课前查找我国农民专业合作社发展现状资料,关键词有:合作社、现状、特点、问题等。

(2)学生利用网络等信息渠道收集国内农民合作社发展状态案例材料,汇总查找的相关资料。

(3)在教师安排下对学员进行分组,每组结合所搜集资料讨论两个案例,根据教师要求每组写出一份学习体会。

(4)每组选一个代表,在全班讲解小组的学习路径、学习收获,组员补充收获的内容。

(5)教师组织发动全班同学讨论、评价各小组的学习情况,达到全班同学共享学习资源和收获体会,巩固所学的知识内容。

(6)教师指导学员学习知识拓展内容:《关于引导和促进农民合作社规范发展的意见》。

三、学习拓展

针对农民合作社发展中存在的问题,为规范农民合作社的发展,农业部出台了《关于引导和促进农民合作社规范发展的意见》。其中明确提出了引导和促进农民合作社规范发展的主要任务和发挥政策导向作用,促进农民合作社规范发展的具体措施。

(一)引导和促进农民合作社规范发展的主要任务

引导和促进农民合作社规范发展的主要任务主要有:指导农民合作社参照示范章程,制定符合自身特点的章程;依法登记注册;农民专业合作社要通过企业信用信息公示系统定期向工商部门报送年度报告;农民合作社应明确各类资产的权属关系;依法建立成员(代表)大会、理事会、监事会等组织机构并切实密切协调配合履行职责;健全财务管理制度;建立成员账户和管理档案;收益分配公平合理;定期公开社务;坚持诚信经营;稳妥开展信用合作;推进信息化建设。

(二)促进农民合作社规范发展的措施

促进农民合作社规范发展的措施主要是进一步完善财政、税收、金融等支持政策,加大扶持力度,拓宽扶持渠道,改进扶持方式,提高扶持效益,真正把运行规范的农民合作社作为政策扶持重点。具体有:

1. 加大财政税收扶持

各级财政要增加农民合作社发展资金,支持农民合作社开展信息、技术、培训、市场营销、基础设施建设等服务。新增农(林)业补贴要向农民合作社倾斜,允许财政项目资金直接投向符合条件的农民合作社,允许财政补助形成的资产转交农民合作社持有和管护,抓紧建立规范透明的管理制度。扩大农村土地整理、农业综合开发、农田水利建设、农技推广等涉农(林)项目由农民合作社承担的规模。落实和完善农民合作社税收优惠政策,支持农民合作社发展农产品生产加工流通。

2. 创新金融保险服务

把农民合作社纳入银行业金融机构信用评定范围，对信用等级较高的农民合作社在同等条件下实行贷款优先等正向激励措施，对于符合条件的农民合作社及其成员进行综合授信；鼓励地方政府和民间出资设立融资性担保公司，为农民合作社提供贷款担保服务；有条件的地方，对农民合作社贷款给予贴息。创新适合农民合作社生产经营特点的保险产品和服务。

3. 给予用地用水用电支持

农民合作社生产设施用地和附属设施用地按农用地管理，在国家年度建设用地指标中单列一定比例专门用于农民合作社等新型农业经营主体建设配套辅助设施。农民合作社从事种植、养殖的用水用电及本社成员农产品初加工用电执行农业生产相关价格。

任务3 认知国家扶持农民合作社政策

一、学习准备

国家对扶持农民合作社的政策有哪些？

（一）知识准备

为壮大发展农民合作社，国家在财政、税收、金融等方面都制定了相应政策鼓励、扶持农民合作社发展。

1. 财政扶持政策

每年中央和地方财政分别安排资金，支持农民专业合作社开展信息、培训、农产品质量标准与认证、农业生产基础设施建设、市场营销和技术推广等服务。对少数民族地区、边远地区和贫困地区的农民专业合作社和生产国家与社会急需的重要农产品的农民专业合作社给予优先扶持。2003 年以来，中央财政累计安排专项资金超过 18 亿元，扶持了 1 188 个示范社，主要用于扶持农民专业合作社增强服务功能和自我发展能力。农机购置补贴财政专项对农民专业合作社优先予以安排。符合条件的农民专业合作社，可以按照政府有关部门财政资金申报通知的要求，向相关主管部门提出专项资金项目申请书，经批准后实施（图 2-5）。

2. 税收优惠政策

国家对农民专业合作社在农业生产、加工、流通、服务和其他涉农经济活动给

图 2-5　新源县兴农农机合作社依托补贴购置新农机

予相应的税收优惠。2008 年财政部和国家税务总局下发了关于农民专业合作社有关税收政策的通知，明确了税收优惠的具体内容：对农民专业合作社销售本社成员生产的农业产品，视同农业生产者销售自产农业产品，免征增值税；增值税一般纳税人从农民专业合作社购进的免税农业产品，可按 13% 的扣除率计算抵扣增值税进项税额；对农民专业合作社向本社成员销售的农膜、种子、种苗、化肥、农药、农机，免征增值税；对农民专业合作社与本社成员签订的农业产品和农业生产资料购销合同，免征印花税；合作社对农民提供技术服务和劳务所得暂免征企业所得税。合作社在经营过程中，可以在充分了解税收优惠政策的基础上，保存相关交易证据，在税务部门的配合下享受国家的税收优惠（图 2-6）。

图 2-6　灌南县举办农民合作社税收优惠政策宣讲

3. 金融支持政策

2009 年，中国银监会、农业部出台了《做好农民专业合作社金融服务工作的意见》，规定：把农民专业合作社全部纳入农村信用评定范围，建立农业贷款绿色通道，提供信贷优惠和服务便利，对信用等级较高的农民专业合作社，在同等条件下实行贷款优先、利率优惠、额度放宽、手续简化；将农户信用贷款和联保贷款引入农民专业合作社，积极满足合作社小额贷款需求；对资金需求量大的合作社，运用政府风险金担保、农业龙头企业担保等方式给予支持；对于因自然灾害导致贷款拖欠的农民专业合作社，按照商业原则适当延长贷款期限，并根据需要适当追加贷款投入，帮助合作社恢复生产。符合条件的合作社可以积极申请金融部门的相关政策性贷款支持，提交必要的申请材料(图 2-7)。

图 2-7 合作社小额贷款解农民金融饥渴

4. 涉农项目支持政策

2010 年，农业部等七部委决定：对适合农民专业合作社承担的涉农项目，将农民专业合作社纳入申报范围，2011 年、2012 年继续落实；尚未明确将农民专业合作社纳入申报范围的，应尽快纳入并明确申报条件；今后新增的涉农项目，只要适合农民专业合作社承担的，都应将农民专业合作社纳入申报范围，明确申报条件。农民专业合作社承担相关涉农项目应具备的条件包括：①经工商行政管理部门依法登记并取得农民专业合作社法人营业执照；②有符合法律、法规规定的组织机构、章程和财务管理等制度；③经营状况和信用记录良好；④符合有关涉农项目管理办法(指南)规定的各项条件。符合条件的农民专业合作社可以按照政府有关部门项目指南的要求，向项目主管部门提出承担项目申请，经项目主管部门批准后实施。

5. 农产品流通政策

鼓励和引导合作社与城市大型连锁超市、高校食堂、农资生产企业等各类市场主体实现产(供)销衔接。

图 2-8 政策支持农超对接

(二)资料准备

(1)利用现有的图书馆或资料室以及报纸杂志，查找有关国家扶持合作社发展的政策信息资料；

(2)利用现有的电脑、网站、WiFi 等网络环境条件，查找有关合作社利用国家扶持政策发展的案例；

(3)教师准备的资料单：关于国家扶持合作社发展的相关政策文章。

如何设计和实施学习任务？

二、项目设计与实施

【项目设计】(图 2-9)

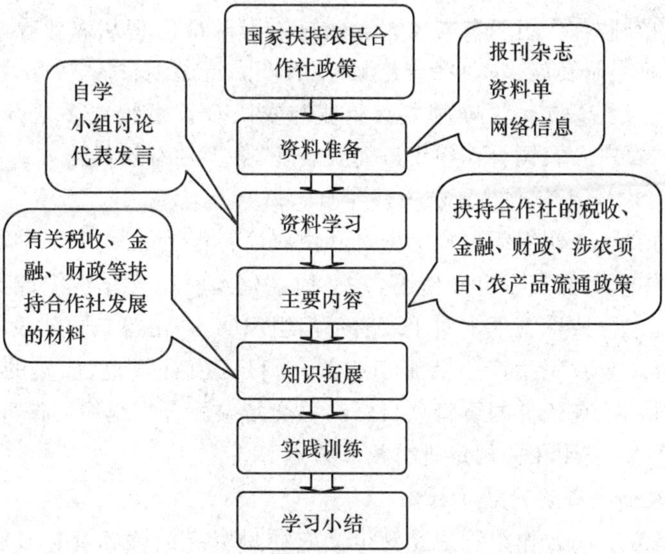

图 2-9　认知国家扶持农民合作社政策学习任务完成流程

【项目实施】

(1)安排学生课前预习国家扶持合作社发展的各种政策内容。

(2)在教师的指导下，通过多种信息渠道查询资料。关键词有：合作社、扶持政策等；汇总查找的相关资料，小组讨论，用集体的智慧完成一份较好的学习收获体会。

(3)每组选一个代表，在全班讲解小组的学习路径、学习收获，组员补充收获的内容。

(4)拓展学习有关财政支持合作社发展的重点工作和合作社申报项目的方向和条件。

(5)分小组调查当地农民合作社利用国家扶持政策发展情况，并写出一份总结报告。

(6)教师组织发动全班同学讨论、评价各小组的学习情况，达到全班同学共享学习资源和收获体会，巩固所学的知识内容。

三、学习拓展

(一)财政支持合作社发展的工作重点

1. 积极推动支农项目与农民合作组织对接

着重将在田间地头、农村社区以及需要有组织、规模化、成片推进的项目，优先让符合条件的农民合作组织参与申报和实施。财政部门将从农业补贴、农业农村基础设施、农业产业发展、农业社会化服务、农产品流通、农村人才培训等六个方面对农民合作组织予以支持。鼓励龙头企业与农民合作组织更多地开展联系和合作，推广完善“农户＋农民合作组织＋龙头企业”等多种有效经营方式。

2. 推动支农项目资产移交农民合作组织

财政补助农民合作组织形成的资产和由农民合作组织承担实施项目形成的资产，由农民合作组织依法占有和使用，并平均量化到农民合作组织成员账户，按照相关法律法规进行核算管理。对于政府部门组织实施、由第三方建设的项目，如果项目形成的资产与农民生产生活密切相关，项目区内有规范、成熟的农民合作组织，经验收合格后，有条件的可将项目资产移交给农民合作组织。该部分资产视同国家补助资产，并按照相关规定进行核算管理。

3. 建立健全项目资产管护机制

各地要指导农民合作组织建立健全支农项目资产运营和管护机制，明晰产权和受益对象，确定管护主体、管护责任和管护资金来源。财政支农项目资产移交给农民合作组织后，对经营性资产，农民合作组织应从收益中提取一定的资金建立管护基金，用于资产的管护和折旧。对于农村纯公益性资产，可以采取村集体和农民合作组织管护基金各拿一点、财政适当补助一点的方式，筹集资产管护资金。建立奖励机制，将农民合作组织资产管护情况与评选表彰、项目支持等挂钩，对资产管护好的农民合作组织予以适当奖励。

4. 进一步加大专项扶持力度

要逐年增加财政扶持农民合作组织发展补助专项资金规模，重点支持农民合作组织发展能力建设，引导农民合作组织加强和规范管理，增强与成员之间的利益联结。资金安排要向种粮农民合作组织倾斜。结合农村小型水利建设和集体林权制度改革，进一步加大对农民用水合作组织和林农专业合作组织的支持力度。优先扶持民族地区、边远地区和贫困地区符合条件的农民合作组织，以及生产国家和社会急需的重要农产品的农民合作组织。

(二)合作社申报项目的方向和条件

如何在众多合作社中脱颖而出获得国家的政策扶持,需要了解国家关于合作社申报项目的大致方向和申报条件。具体如下:

(1)农业综合开发产业化经营财政补助项目(中央 30 万～100 万元另加地方配套资金);

(2)对达到标准的合作社予以补助,推进标准化建设(20 万～30 万元);

(3)示范合作社(以奖代补,20 万～30 万元);

(4)标准化园艺示范园创建申报(50 万元);

(5)利用合作社渠道:比如农机合作社享受农机购置补贴;

(6)符合条件的合作社同步享受其他政策。

四、评价反馈

评价反馈过程和内容见附件。

模块二　创建农民合作社流程

项目三　创建农民专业合作社流程

项目四　组建农村新型股份合作社流程

项目三　创建农民专业合作社流程

【项目目标】

完成本项目学习后，你应该能

1. 按照农民专业合作社的创建流程，组建农民专业合作社
2. 制定并审核农民专业合作社章程内容
3. 办理农民专业合作社登记手续

【引导案例】

温岭市箬横西瓜专业合作社

2001 年 7 月，彭友达等 29 户西瓜经营大户发起创立了温岭市箬横西瓜专业合作社。目前，合作社社员 352 人，注册资金 50 万元，固定资产 549 万元，注册商标“玉麟”牌，西瓜生产基地 19 个，总面积 20 070 亩。在国内 23 个省市 50 多个水果批发市场建立销售网点，连接农户 9 200 户。

温岭市箬横西瓜专业合作社参照《浙江省农民专业合作社示范章程》完善了合作社章程，保证规范高效运行。一是明确入社条件，加入合作社的农户必须出资，并从事西瓜生产经营，且有一定的种植技术和经营能力。二是修改成员股金配置规定，明确按成员的生产经营能力和贡献业绩大小配置股金，成员所占股金比例最多不能超过总股金额的 20%。三是调整表决方式，确定以一人一票制为基础、附加表决权的民主决策方式管理合作社，对合作社贡献业绩大、股金份额较大的成员可以享有附加表决权。四是修改了财务分配原则，合作社按照社员的经营规模分

配盈余，并在盈余分配中增加了提取风险保障金条款。

（资料来源：王平，王国连，刘立彬．农村合作制理论与实践教程．北京：中国环境科学出版社，2010）

案例点评：章程是农民专业合作社自治特征的重要体现，在农民专业合作社的运行中具有极其重要的作用。温岭市箬横西瓜专业合作社根据《浙江省农民专业合作社示范章程》对章程进行了完善，在入社条件、股金配置、表决方式以及财务分配原则等几个方面进一步明确了合作社的具体制度。这为其进一步发展无疑会起到关键作用。

任务1 认知农民专业合作社创建程序

一、学习准备

如何创建农民专业合作社？

（一）知识准备

组建农民专业合作社，除了要有场所、有成员数 5 人以上、有章程、有组织机构、有社员出资和经营服务项目，还要通过一定的法律程序取得法人资格，才能参与民事和经营活动。根据我国现有相关法律规定，创建农民专业合作社的必要流程如图 3-1 所示。

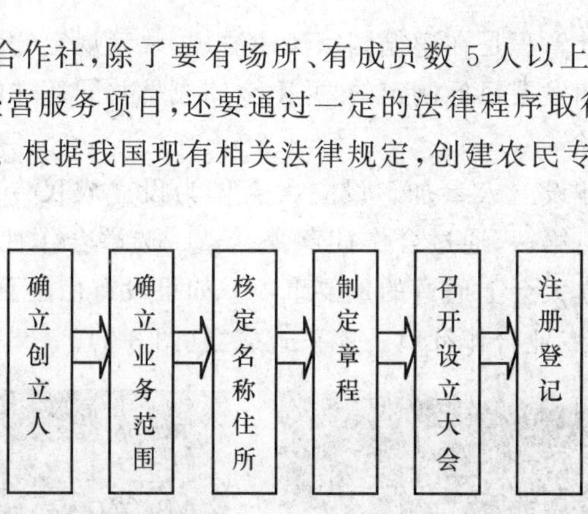

图 3-1 创建农民专业合作社流程

1. 确立设立人

农民专业合作社设立时自愿成为该社成员的人为设立人。

2. 确定业务范围

农民专业合作社的业务范围，通常为同类农产品的生产经营者提供农业生产资料的购买，农产品的销售、加工、运输、贮藏以及与农业生产经营有关的技术、信息等服务。

3. 核定名称住所

一般来说，农民专业合作社的名称可以由地域、字号、产品、“专业合作社”字样依次组成。《农民专业合作社登记管理条例》明确规定名称中必须包含“专业合作社”字样，以区别于同样在工商机关登记注册的企业法人(图 3-2)。

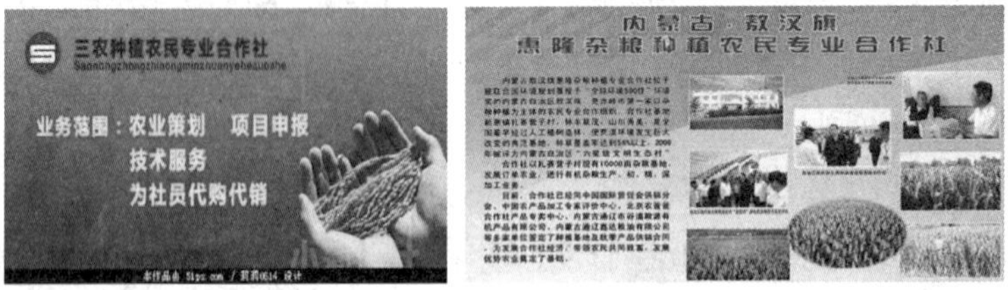

图 3-2 农民专业合作社业务范围及名称

农民专业合作社的住所是指法律上确认的农民专业合作社的主要经营场所。农民专业合作社的住所只能有一个，其住所可以是专门的场所，也可以是某个成员的家庭住址。合作社的住所应当在登记机关管辖区域内。

4. 制定章程

农民专业合作社章程是在遵循国家法律法规、政策规定的条件下，由全体成员根据合作社的特点和发展目标制定的，并由全体成员共同遵守的行为准则。

5. 召开设立大会

设立大会由全体设立人参加。设立大会作为设立农民专业合作社的重要会议，其法定职权包括：第一，通过合作社章程；第二，选举合作社机构负责人；第三，审议合作社需在设立大会上通过的重要事项。如果没有依法召开由全体设立人参加的设立大会，农民专业合作社就不能正式成立(图 3-3)。

图 3-3 召开设立大会

6. 登记注册

农民专业合作社在召开设立大会之后，备齐相关的材料依法在工商部门登记，领取农民专业合作社法人营业执照，取得法人资格，其合法权益才能得到保护。未经依法登记,不得以农民专业合作社名义从事经营活动(图 3-4)。

图 3-4　日照开出首张农民专业合作社“三证合一”执照

(二)资料准备

(1)利用现有的图书馆或资料室以及报纸杂志,查找有我国农民专业合作社创立的相关法律规定资料;

(2)利用现有的电脑、网站、WiFi 等网络环境条件,查找有关农民专业合作社创建流程的信息资料;

(3)通过网络,查找农民专业合作社创建各种材料准备的要求;

(4)参观当地农民合作社登记办理机构;

(5)教师准备的资料单:关于创建农民专业合作社过程的相关文章。

如何设计和实施学习任务?

二、项目设计与实施

【项目设计】(图 3-5)

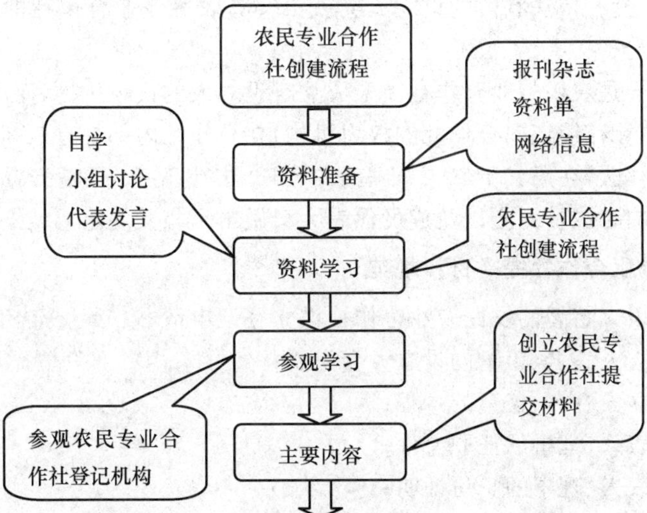

图 3-5　认知农民专业合作社创建流程学习任务完成流程

【项目实施】

(1)安排学生课前预习创建农民专业合作社流程内容。

(2)在教师的指导下,通过多种信息渠道查询资料。关键词:农民专业合作社、创立流程等,汇总查找的相关资料,每人写一份学习收获。

(3)小组讨论,用集体的智慧完成一份较好的学习收获体会。

(4)每组选一个代表,在全班讲解小组的学习路径、学习收获,组员补充收获的内容。

(5)教师带领学生参观当地农民专业合作社注册登记机关,了解农民专业合作社注册登记程序及应备齐的相关材料,每人写一份学习总结。

(6)教师组织发动全班同学讨论、评价各小组的学习情况,达到全班同学共享学习资源和收获体会,巩固所学的知识内容。

三、学习拓展

(一)设立大会与成员大会的区别

(1)设立大会是农民专业合作社设立之前必须召开的法定大会;成员大会由全体成员组成,是本社的权力机构,每年至少召开一次。其发生的阶段不同。设立大会发生于农民专业合作社成立之前,成员大会则存在于农民专业合作社存在发展的整个过程中。没有依法有效的设立大会就不会有农民专业合作社的成立,也就不会有成员大会。

(2)设立大会是农民专业合作社尚未成立时设立人的议事机构,而成员大会则是农民专业合作社存续期间合作社的权力机构,在合作社内部具有最高的决策权。《农民专业合作社法》在第二十二、二十三、二十四、二十五条分别就成员大会的职权、召开、表决、临时成员大会以及成员代表大会做出了相关规定。

(二)农民专业合作社提交材料规范

(1)法定代表人签署的农民专业合作社设立登记申请书;

(2)全体设立人签名、盖章的设立大会纪要;

(3)全体设立人签名、盖章的章程;

(4)法定代表人、理事的任职文件;

(5)法定代表人、理事的身份证明;

(6)全体出资成员签名、盖章的出资清单;

(7)法定代表人签署的成员名册;

(8)成员身份证明复印件;

(9)住所使用证明;

(10)指定代表或者委托代理人的证明;

(11)名称预先核准通知书(经名称预先核准的须提交);

(12)登记前置许可文件(业务范围涉及前置许可的须提交)。

任务2　制定农民专业合作社章程

一、学习准备

农民专业合作社章程内容是什么?

(一)知识准备

农民专业合作社章程是为规范农民专业合作社内部关系,统一开展生产经营活动的原则和办事程序而制定的规程。章程的制定是一项非常重要的工作,要根据农业部《农民专业合作社示范章程》,并结合本地实际和本社的经营范围制定(图3-6)。

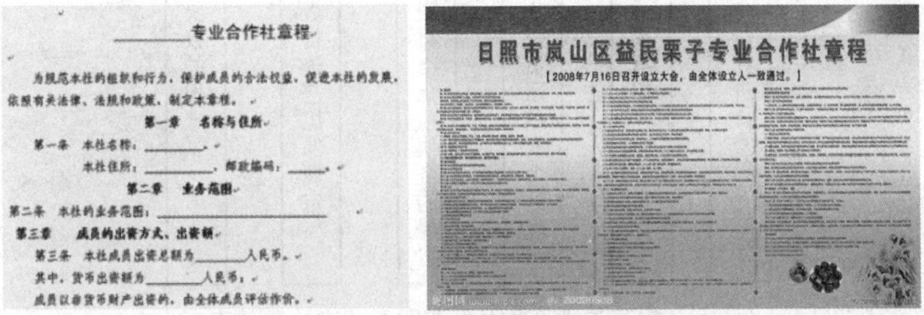

图 3-6　农民专业合作社章程内容

1. 农民专业合作社章程应当载明的事项

《中华人民共和国农民专业合作社法》第十二条规定了农民专业合作社章程应当载明的具体事项,如图3-7所示。

2. 农民专业合作社章程规定的其他事项

农民专业合作社章程除规定上述内容之外,还需要规定至少以下6项事项,如图3-8。

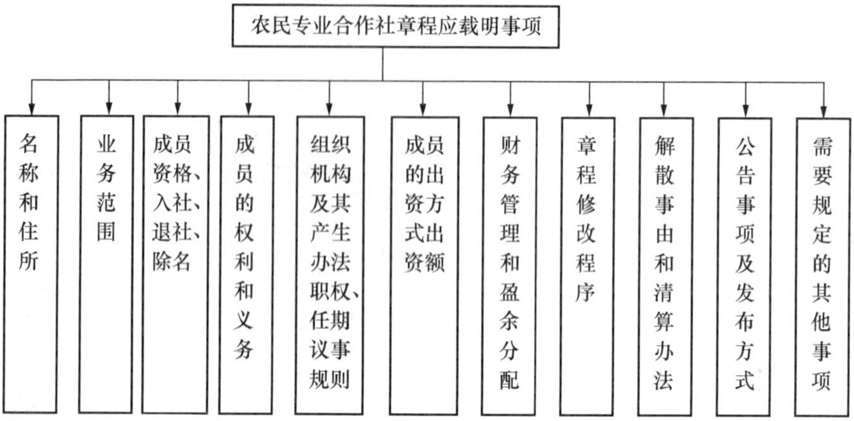

图 3-7 农民专业合作社章程应载明的事项

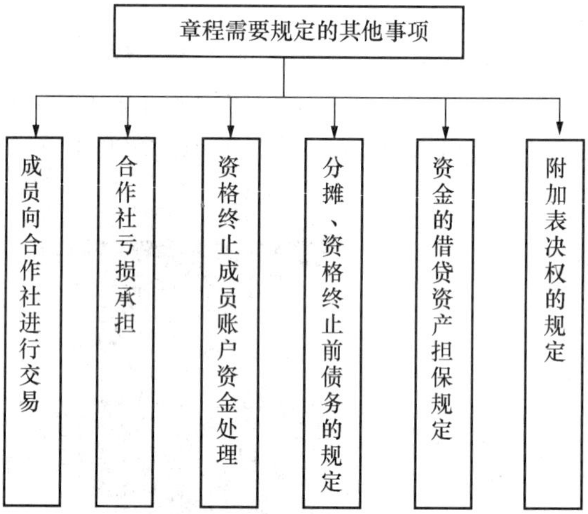

图 3-8 农民专业合作社章程需要规定的其他事项

(二)资料准备

(1)利用现有的图书馆或资料室以及报纸杂志、电脑、网站、WiFi 等网络环境条件,查找有关农民专业合作社章程内容的信息资料;

(2)通过网络,查找关于农民专业合作社章程案例;

(3)调查当地农民专业合作社章程内容;

(4)教师准备的资料单:关于农民专业合作社章程制定的相关文章。

如何设计和实施学习任务?

二、项目设计与实施

【项目设计】(图 3-9)

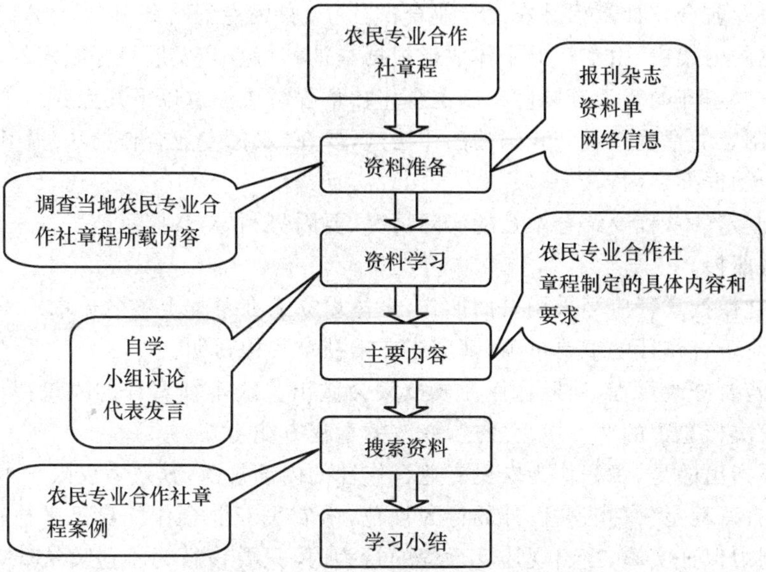

图 3-9　制定农民专业合作社章程学习任务完成流程

【项目实施】

(1)安排学生课前预习农民专业合作社章程制定的具体要求。

(2)在教师的指导下,通过多种信息渠道查询资料。关键词有:农民专业合作社、章程等;汇总查找的相关资料。

(3)教师指导学生调查当地农民专业合作社章程所载内容,总结合作社章程都规定了哪些项目内容。

(4)每人写一份学习收获,小组讨论,用集体的智慧完成一份较好的学习收获体会。

(5)每组选一个代表,在全班讲解小组的学习路径、学习收获,组员补充收获的内容。

(6)教师组织发动全班同学讨论、评价各小组的学习情况,达到全班同学共享学习资源和收获体会,巩固所学的知识内容。

三、学习拓展

(一)制定农民专业合作社章程应注意的问题

农民专业合作社章程是农民专业合作社在《农民专业合作社法》及国家法规、政策规定的框架内,由本社的全体成员根据本社的特点和发展目标制定的,并由全体成员共同遵守的行为准则。在制定合作社章程时要注意以下几点:

(1)制定的章程要遵守我国的法律法规,要在《农民专业合作社法》及其他相关法律规定的框架之内。

(2)制定的章程要结合本社的实际情况,要因势利导,参照示范章程来草拟,但切忌照搬照抄。

(3)合作社章程应当采用书面形式,全体设立人在章程上签名盖章。

(4)对于合作社的重要事项,都应当在本社章程中写明。

(5)若要修改章程,须经合作社成员大会做出修改本社章程的决议;只有占本社成员表决权总数的 2/3 以上通过,修改的章程方能生效。

需要指出的是,章程作为农民专业合作社的内部规章,其效力仅限于本社和相关当事人;章程是一种法律以外的行为规范,由农民专业合作社自己来执行,无需国家强制力保证实施,当出现违反章程的行为时,只要该行为不违反法律,就由农民专业合作社自行解决。

(二)制定农民专业合作社专项管理制度

合作社的章程,可以理解为是这个组织的大法,一般是原则性规定。在合作社的兴办过程中,还可以根据合作社发展的实际需要,制定若干个专项管理制度,对某个方面的事项做出具体规定,进而把章程的规定进一步细化和落到实处。合作社应该制定的制度有:

(1)成员大会、成员代表大会、理事会、监事会的议事规则;

(2)管理人员、工作人员岗位责任制度;

(3)劳动人事制度;

(4)产品购销制度;

(5)产品质量安全制度;

(6)集体资产管理和使用制度;

(7)财务管理制度,收益分配制度等。

任务3 办理农民专业合作社登记

一、学习准备

如何办理农民专业合作社登记手续？

(一)知识准备

农民专业合作社的设立、变更和注销，都应当依照《中华人民共和国农民专业合作社法》和 2014 年 3 月 1 日起修订施行的《农民专业合作社登记管理条例》的规定到所在地的县(市)、区工商行政管理部门办理登记。自 2015 年 10 月 1 日起，农民合作社登记全面落实“三证合一、一证一码”登记制度。合作社“三证合一”后，在原有工商需要填写信息的基础上，增加了质监、国税、地税部门登记所需的信息，填写完成，提交预审，预审通过后打印申请材料，按照申请“三证合一”设立、变更、备案、注销材料规范要求，提交书式材料及需扫描材料到工商“三证合一”办理窗口，并随时在网上申请页面查看并联审批流程及各部门反馈信息，待工商、质监、国税、地税部门全部办结后，到工商“三证合一”办理窗口领取“三证合一”营业执照、通知书(图 3-10)。

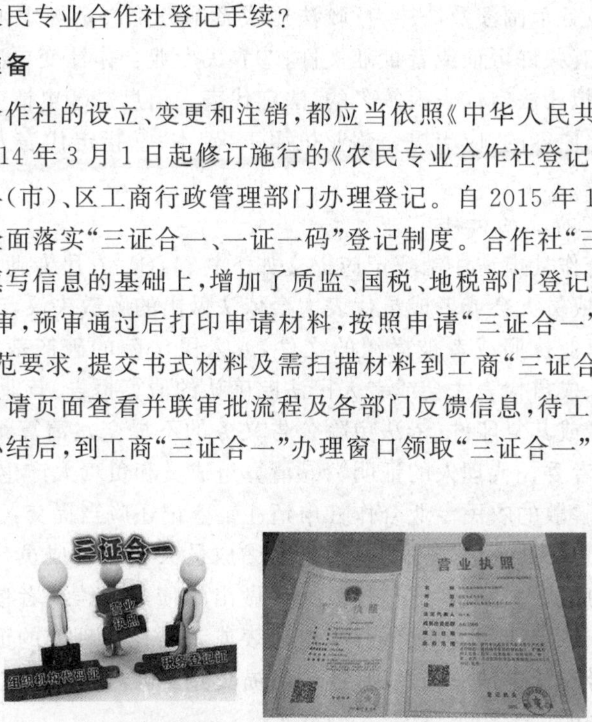

图 3-10 农民合作社“三证合一”后营业执照

1. 设立登记提交的材料

农民专业合作社申请设立登记应提交的材料有：①《农民专业合作社登记(备案)申请书》；②全体设立人签名、盖章的设立大会纪要；③全体设立人签名、盖章的章程；④法定代表人、理事的任职文件和身份证明；⑤全体出资成员签名、盖章的出资清单；⑥法定代表人签署的成员名册和成员身份证明复印件；⑦住所使用证明；⑧指定代表或者委托代理人的证明；⑨名称预先核准通知书(经名称预先核准的须提交)；⑩农民专业合作社申请登记的业务范围中有法律、行政法规或者国务院决定规定必须在登记前报经批准的项目，应当提交有关的许可证书或者批准文件复印件。

2. 变更登记提交的材料

农民专业合作社申请变更登记应提交的材料有：①《农民专业合作社登记（备案）申请书》；②成员大会或者成员代表大会做出的变更决议；③法定代表人签署的修改后的章程或者章程修正案；④农民专业合作社变更住所的，还应当提交新的住所使用证明；⑤农民专业合作社变更成员出资总额的，还应当提交全体出资成员签名或盖章、法定代表人签署的修改后的《农民专业合作社成员出资清单》；⑥农民专业合作社变更业务范围涉及法律、行政法规或者国务院决定规定须经批准的项目的，还应当提交有关许可证或者批准文件；⑦农民专业合作社变更法定代表人姓名的，还应当提交拟任法定代表人签名的《法定代表人信息》；⑧申请变更的登记事项涉及到营业执照内容的，应当提交营业执照正、副本；⑨指定代表人或者委托代理人的证明。

3. 注销登记提交的材料

农民专业合作社申请注销登记应提交如下材料：①《农民专业合作社登记（备案）申请书》；②成员大会或者成员代表大会依法做出的解散决议，或农民专业合作社依法被吊销营业执照或者被撤销的文件，或人民法院的破产裁定、解散裁判文书；③成员大会、成员代表大会或者人民法院确认的清算报告；营业执照；④清算组刊登公告的报纸或其复印件（依法免除公告义务的不提交）、清算组全体成员签署的《指定代表或者委托代理人的证明》；⑤清算组成员和负责人产生的文件及名单。因合并、分立而解散的农民专业合作社申请注销登记还应当提交：①法定代表人签署的《农民专业合作社登记（备案）申请书》；②成员大会或者成员代表大会依法做出的解散决议、成员大会或者成员代表大会做出的债务清偿或者债务担保情况的说明、营业执照、法定代表人签署的《指定代表或者委托代理人的证明》；有分支机构的农民专业合作社申请注销登记，还应当提交分支机构的注销登记证明；税务机关出具的清税证明。

（二）资料准备

（1）利用现有的图书馆或资料室及现有的电脑、网站、WiFi 等网络环境条件，查找有关农民专业合作社登记条例信息资料；

（2）参观所在地农民专业合作社登记办理机构，了解农民专业合作社登记流程及注意事项；

（3）教师准备的资料单：关于农民专业合作社进行登记与备案的相关法律法规。

如何设计和实施学习任务？

二、项目设计与实施

【项目设计】(图 3-11)

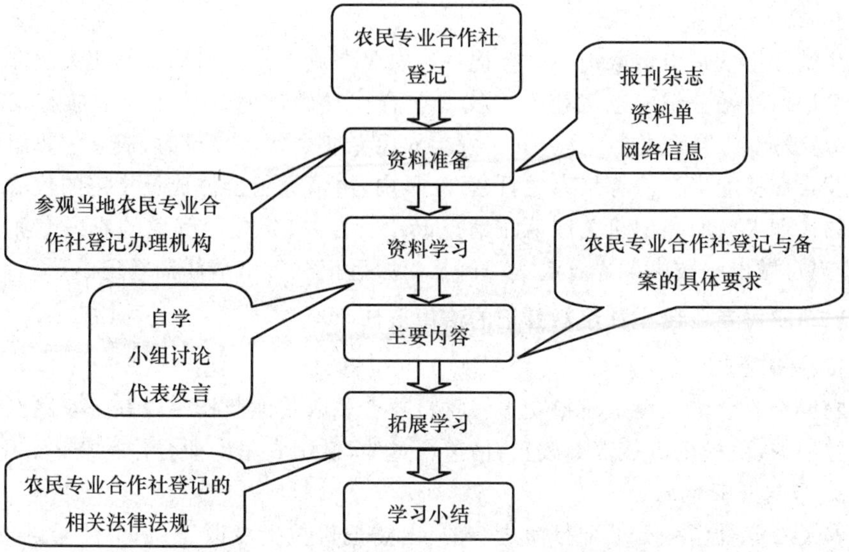

图 3-11　办理农民专业合作社登记学习任务完成流程

【项目实施】

(1)安排学生课前预习农民专业合作社登记的相关内容。

(2)在教师的指导下,通过多种信息渠道查询资料。关键词有:农民专业合作社、登记等;汇总查找的相关资料。

(3)教师组织参观当地农民专业合作社登记办理机关,了解合作社登记办理流程和需要填报的材料,每人写一份学习收获。

(4)小组讨论,用集体的智慧完成一份较好的学习收获体会。

(5)每组选一个代表,在全班讲解小组的学习路径、学习收获,组员补充收获的内容。

(6)教师组织发动全班同学讨论、评价各小组的学习情况,达到全班同学共享学习资源和收获体会,巩固所学的知识内容。

三、学习拓展

(一)变更登记和注销登记的条件

1. 变更登记条件

变更登记是农民专业合作社的重要法定登记事项发生变更时进行的依法登

记。《农民专业合作社登记管理条例》规定，农民专业合作社的名称、住所、成员出资总额、业务范围、法定代表人姓名发生变更的，应当自做出变更决定之日起30日内向原登记机关申请变更登记。

2. 注销登记条件

注销登记就是申请取消原来登记过的农民专业合作社名称及其相关法律文件等的登记。注销登记一般发生在农民专业合作社解散时。合作社解散有三种情况：一是破产，二是合并，三是分立。发生农民专业合作社破产时，成立清算组的农民专业合作社应当自清算结束之日起30日内，由清算组全体成员指定的代表或者委托的代理人向原登记机关申请注销登记。因合并、分立而解散的农民专业合作社，应当自做出解散决议之日起30日内，向原登记机关申请注销登记。

(二)农民专业合作社违规登记的法律责任

1. 撤销登记

农民专业合作社登记时提交虚假材料或者采取其他欺诈手段取得农民专业合作社登记的，由登记机关责令改正；情节严重的，撤销农民专业合作社登记。

2. 吊销营业执照

农民专业合作社有下列行为之一的，由登记机关责令改正；情节严重的，吊销营业执照：登记事项发生变更，未申请变更登记的；因成员发生变更，使农民成员低于法定比例满6个月的；从事业务范围以外的经营活动的；变造、出租、出借、转让营业执照的。

3. 责令改正

农民专业合作社有下列行为之一的，由登记机关责令改正：未依法将修改后的成员名册报送登记机关备案的；未依法将修改后的章程或者章程修正案报送登记机关备案的。

四、评价反馈

评价反馈过程和内容见附件。

项目四　组建农村新型股份合作社流程

【项目目标】

完成本项目学习后，你应该能

1. 掌握组建农村新型股份合作社的方式
2. 制定村集体资产量化确股组建合作社的方案
3. 制定多要素组建新型股份合作社的方案
4. 制定专业合作社改造为股份合作社方案

【引导案例】

农村社区股份合作社的宁波样本

宁波市江东区，2005 年 29 个村全面推行农村股份合作制改革，农民变身股东，享受年终分红。至 2012 年底，江东区股份合作社总资产达 73.1 亿元，增长近 45 亿元。江东股份合作社的数量只占全市的 1%，集聚的资产却达到了 15% 左右。2013 年股东最高分红 5.5 万元，人均 2 万多元。2013 年 11 月，多个合作社又试水股东用股权质押贷款。

2004 年 10 月，地处江东区福明街道的松下村改制成立合作社，取名松下股份经济合作社。按照当时的资产量化，合作社有近 1 000 名的股民，总资产 7 000 余万元。经股东代表选举投票，郑松盛被选为合作社董事长。成立之初，股份合作社总资产仅 7 000 多万元，10 年后总资产达 6.5 亿元。第一年分红每位股民只有 1 万多元，10 年后可分 4.8 万元。从 7 000 多万元到 6.5 亿元，松下村的做法是：从 2008 年开始，他们在村里留的 100 多亩留用土地上建设了三座“城”。目前，“十六城”已经建成，年租金达400万元；“汉德城”已结顶，预计年租金将近500万元；与东投公司合建的“十一城”也已启动，每年将带来1 300万元租金。

2013年11月底，股权质押融资在江东区仇毕村启动试点。截至目前，已有15名股东融资了345万元。2014年1月13日举行的松下股份经济合作社股东代表大会上，表决通过了修改股份经济合作社章程，明确股权可以质押融资。过去在年底分红时才能用得上的股权证，现在可以作为财产抵押向信用联社贷款。除了股权质押融资，江东区已开始启动项目公司化改革试点、探索建立股权流转交易平台、探索激励和决策机制的创新，积极探索推进股份合作社其他市场化综合改革。

（资料来源：http://nb.people.com.cn/n/2014/0213/c206131-20564703.html）

案例点评：随着我国合作社制度的进一步发展，传统合作社成员自愿联合、民主管理基础上的互助性经济联合，已不能完全满足农民及外部市场的需求。一种以出资多元化、要素股份化、发展规模化、生产标准化、经营产业化、管理规范化、运作市场化为主要特征的新型农民专业合作组织——股份合作社逐渐兴起。农村新型股份合作社的核心是股份，是土地、房屋、资金、技术、设施等多要素的合作。农村社区股份合作社的宁波样本经验告诉我们，作为一种新型的经济组织形式，为保障农民利益，农民股份合作社在合作社治理机制设计中必须注重“民主管理”，在农民相对弱势的情况下，股份合作社应该在某些特征上不同于股份制企业，不仅强调股份的产权权利，还强调劳动者合作的民主权利和民主意识。

任务1 资产量化确股组建合作社程序

一、学习准备

如何开展资产量化确股组建合作社工作？

（一）知识准备

资产量化确股组建合作社就是以农村村民小组或行政村为单位，把依法属于农村集体经济组织的经营性资产，主要包括耕地、林地、水体、农田水利设施、生产性道路、现金、村或居民小组创办的企业或与其他企业合作、合资形成的股权等资产，通过清产核资，量化到集体经济组织成员个人，在此基础上，按照现代企业制度的要求，组建起自主经营、自负盈亏、利益共享、风险共担经济组织，即股份合作社（图4-1）。

图 4-1　产权改革——农民有了股权证

农村集体资产量化确股组建农村新型股份合作社要按照有关法规政策要求，做到认真细致、程序到位、操作规范，确保公开、公平、公正，组建流程如下：

1. 表决实施改制决议

改制决议要经社员(代表)2/3 表决通过，才能实施改制决议。

2. 提出申请

拟定改制工作计划，张榜公布后向乡镇集体资产主管部门提出改制的书面申请。改制申请示范文本参考格式见表 4-1。

3. 建立工作班子

建立由村集体经济组织负责人、民主理财小组成员和村集体经济组织成员代表共同组成的村集体经济组织产权制度改革领导小组和工作班子，组织实施改制工作。

4. 参加政策培训

村工作班子成员进行有关政策培训，重点内容是农村产权制度改革的意义和作用、资产清查登记和人口调查排摸办法、股权设置种类和作用、股份配置方法、股份经济合作社的组建和运行，明确改制后社、村关系和运转经费安排等。改制村工作班子要充分利用广播和村务公开栏等多种渠道公开宣传农村产权改革的目的、意义和做法，引导广大农民群众积极参与。

5. 编制改制工作计划

村工作班子人员要进行工作分工，一般分为政策宣传组、资产清查组和人员排摸组，分别确定负责人和组成成员，并就政策宣传、资产清查和人员排摸分别排出计划，列明各阶段工作内容和完成时间。

6. 组织资产清查登记

资产清查登记由村资产清查组具体负责。根据农业部、财政部《乡(镇)村集体经济组织清产核资办法》，按照有关表式对固定资产和存货等实物性资产须进行实地勘察和清点，对往来款项须经当事人(单位)证实，清查核实村集体签订的合同协议，对集体所有非发包到户的山林、机动田等资源性资产进行丈量登记，对盘盈盘亏财产、物资登记造册，做出说明并提出处理意见。资产清查结果及处理意见，经社员(代表)大会确认后,报乡镇改制办备案,并在村务公开栏中公布。已完成“三资管理”的村可直接按照资产清查结果进行改制;已计划开展“三资管理”的村,经社员代表大会批准,可待股份经济合作社成立之后,由股份经济合作社董事会组织股东代表实施资产清查登记。

表 4-1 改制申请示范文本(参考格式)

××乡××村党支部、××乡××村经济合作社关于我村集体经济产权制度改革的申请

××乡党委:

××乡人民政府:

经××村党支部、××村经济合作社研究决定,采取××××方式进行我村集体经济产权制度改革工作。具体改革方案已提请社员代表大会讨论通过。

一、我村进行集体经济产权制度改革的主要条件

(一)资产和土地状况

我村现有总资产________万元,负债________万元,所有者权益________万元。现有土地________米²,其中:耕地________米²;山林________米²,道路________米²,企业用地________米²,……

(二)人员情况

我村现有在籍人口________人,其中:16 周岁以下人口________人,16～60 周岁人口________人,60 周岁以上人口________人。已故人员________人……

二、改革的形式

按________型集体经济产权制度改革形式启动我村集体资产处置和集体经济产权制度改革。

三、改革的日程安排

我村集体经济产权制度改革约需____个工作日,自________年____月____日至________年____月____日止。

四、改革的领导机构

(一)成立集体经济产权制度改革领导小组

组长:________　　副组长:________　________　________

成员:

(二)成立集体经济产权制度改革办公室

办公室主任:________　　副主任:________

办公室下设:政策宣传组、清产核资组、劳动工龄核实组、资产量化组、信访排查组等

特此申请。

××乡××村党支部(印)

××乡××村经济合作社(印)

××××年××月××日

7. 组织人员排摸清查

人员排摸由村工作小组具体负责，人员排摸截止时间由改制村自行确定，报乡镇改制办公室备案。排摸方法以村历年人口情况登记记录为基础，按照有关表式以户为单位编制人口情况底稿，以组为单位编印成册发放到各个农户供农户相互核对，经核对无误后由户主签字确认。人员排摸情况经社员（代表）大会审议通过后，报乡镇改制办公室备案，在村务公开栏中公布。

8. 拟定实施方案草案

在通过召开社员代表、党员代表座谈会等形式征询意见的基础上，结合本村实际，拟定改制实施方案草案。内容包括：改制资产范围限定在本村经营性资产，已发包给农户家庭经营的土地、山林等资源性资产不做资产量化范围，公益性资产未经批准不得随意改变用途、变卖处置；拟定改制股权设置及其比例，股权量化对象界定办法，成员股份配置办法，以及其他需要说明的事项。

9. 表决改制实施方案

改制方案草案初稿拟定后，下发村内社员户征求意见，并根据群众意见修改完善方案草案，报乡镇改制办公室审核同意，递交社员（代表）大会表决，并经 2/3 以上社员通过后，由乡镇（街道）人民政府（办事处）批准，报县（市、区）农业部门备案，并张榜公布。

10. 编制股东清册

按照乡镇（街道）人民政府（办事处）批准的改制实施方案，改制村进行成员界定并计算其所享有股份，在村务公开栏中张榜公示 7 天，经审查无误后，编制股东清册，建立股东股权台账。

11. 推荐产生股东代表

股东代表一般由原村经济合作社社员代表直接过渡产生，也可以重新由股东户代表投票选举产生。

12. 拟定董事会、监事会组成人员候选名单

由村级党组织提名首届董事会、监事会组成人员候选名单，书面报乡镇（街道）农村改制领导小组，依照村级组织换届选举有关条件进行资格审查后，张榜公布。

13. 筹备股东（代表）大会

筹备内容包括：制订章程草案；日常经营管理人数、分工、工资标准以及财务管理制度草案；拟定董事会、监事会组成人数、选举办法草案；准备筹备工作报告；准备会议资料；确定会议召开日期并发出通知。

14. 召开股东代表大会

首届股东代表大会，主要议题应当包括：村改制工作班子负责人作筹备工作报告；表决通过股份经济合作社章程；表决通过董事会、监事会选举办法；根据提名选举产生首届董事会、监事会组成人员；召开第一届董事会、监事会第一次会议，并选出董事长和监事会主任，公布分工情况；讨论通过股份经济合作社财务管理制度；其他事项。股东（代表）会议行使表决职能时，实行“一人一票”制（图4-2）。

图 4-2 农村股份合作社第一次股东大会

15. 组建股份经济合作社

股东代表大会顺利完成预定事项后，经乡镇（街道）人民政府（办事处）批准村经济合作社改制为村股份经济合作社，股份经济合作社填制股东股权证，向全体股东发放股权证书，县级人民政府颁发股份经济合作社证明书。股份经济合作社首届董事会、监事会任期时间调整至当地村级组织统一换届时间，以后各届任期定为三年、随当地党委政府统一安排的村级组织换届而换届。

16. 档案整理

村股份经济合作社董事会对改制过程中形成的有关文件、决议、人口排摸报表、实施方案、章程、股东名册等重要资料进行全面整理归档，并报乡镇（街道）和县级农业部门备案（图 4-3）。

图 4-3 恩施市第一家股份合作社成立

【阅读小案例】

农村集体资产量化确权的“凤凰实践”

太安镇凤凰社区在农村集体资产量化确权工作中独创的“分层确权”、“两数原理”(小数、分数原理)为量化确权工作提供了一个良好的范本。

凤凰社区农村集体经济组织产权制度改革工作小组结合本社区的实际情况，制定出《社区农村集体经济组织产权制度改革实施方案》(草稿)。经广泛听取群众对实施方案的意见和建议，最终形成了《社区农村集体经济组织产权制度改革实施方案(初稿)》。该《方案》明确了成员界定，确定了股权人“三资”(资金、资产、资源)的裁定时段和股权的量化方式。

凤凰社区是在2004年由原乐堂村与段家村两个村合并而成，大部分的“三资”是合并后产生的，据此确定了居民的有效股权登记时间段为2004年1月1日至2013年的12月31日，此期间的凤凰社区居民为社区集体经济组织成员(以户籍为准)。在股权配置方式上，以每个居民每10年农龄为一整股，不足10年的以小数计算股份，涉及到出生死亡、迁进迁出的按实际有效年份计算股份。

经过认真细致地清查，摸清了社区现有集体资金122万元；资产共计价值179万元，另有水库1.3座，集体茶场265亩，山坪塘95口，村级公路27千米，未折价；资源主要有复垦土地140亩，乐堂片林地130亩，未折价。经广泛征求群众的意见，凤凰居委会决定分“三个层次”进行股权分配，即居委会层次、小组层次、2004年前的层次。为了合理地解决部分不方便折价的资产和资源的股权问题，凤凰居委会灵活地运用了“分数”原理。如乐堂水库乐堂层面的股民为1 020人，那么每一整股为1/1 020座；又如原乐堂5小组有山坪塘7口，小组股民为143人，那么每一整股为7/143口。经过半年的努力，2014年年底凤凰社区集体资产量化确权工作汇总确权了2 359.4股(图4-4)。

(资料来源：http://xnc.sxcm.net/Article/ShowArticle.asp?ArticleID=5777)

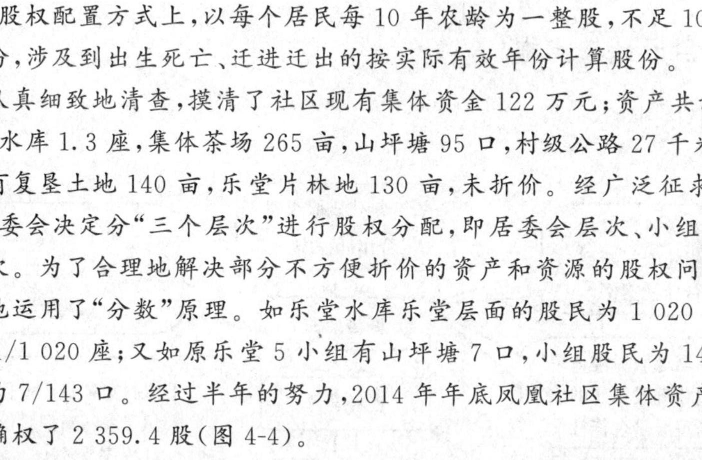

图4-4　太安镇凤凰茶园

(二)资料准备

(1)利用现有的图书馆或资料室报纸杂志及电脑、网站、WiFi 等网络环境条件,查找有关农村集体资产量化确股组建农村新型股份合作社的组建程序、各环节的做法的信息及政策资料;

(2)组织参观当地农村集体资产量化确股组建的农村新型股份合作社,了解其改制过程和具体做法;

(3)通过网络,查找国内关于农村集体资产量化确股组建农村新型股份合作社的案例资料;

(4)教师准备的资料单:农村集体资产量化确股组建农村新型股份合作社的组建程序,集体经济组织成员身份界定的政策,劳动工龄登记认定的政策与方法,清产核资的方式方法,资产处置的政策与方法,股权设置与量化的政策与办法等相关内容的文章。

如何设计和实施学习任务?

二、项目设计与实施

【项目设计】(图 4-5)

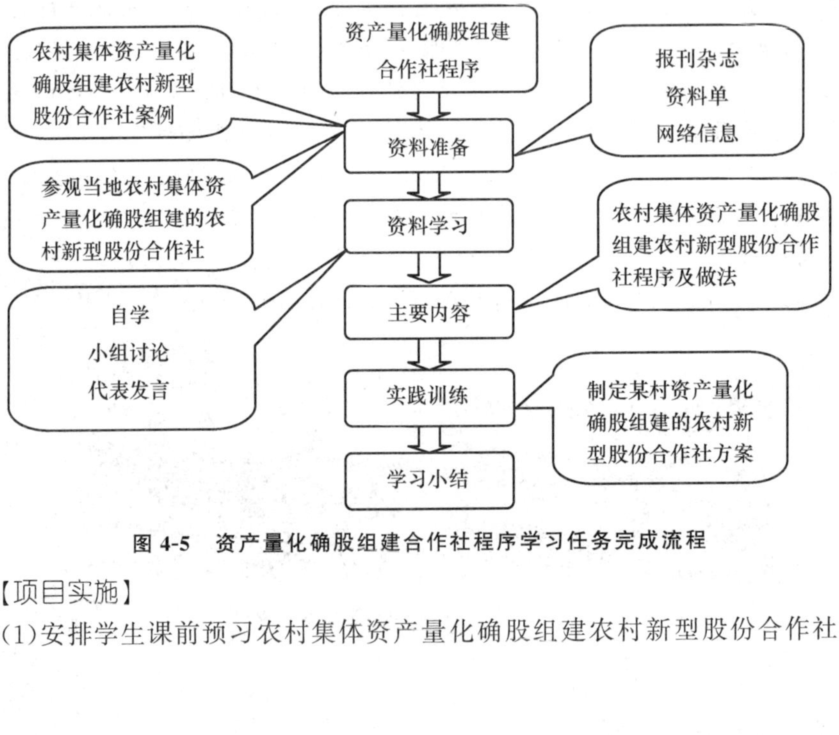

图 4-5 资产量化确股组建合作社程序学习任务完成流程

【项目实施】

(1)安排学生课前预习农村集体资产量化确股组建农村新型股份合作社的工

作过程和方法。

(2)在教师的指导下，通过多种信息渠道查询资料。关键词有：村集体经济产权改革、清产核资、人员排摸、劳龄登记、股权设置、股份量化等，汇总查找的相关资料，小组讨论。

(3)教师组织参观当地农村集体资产量化确股组建的农村新型股份合作社，了解其改制过程和具体做法，每人写一份学习收获。

(4)以小组为单位，讨论收集到的农村集体资产量化确股组建农村新型股份合作社案例，分析案例中成功的经验和存在的问题。

(5)分小组为当地某村制定集体资产量化确股组建的农村新型股份合作的工作方案；每组选一个代表，在全班讲解小组的学习路径、学习收获，组员补充收获的内容。

(6)教师组织发动全班同学讨论、评价各小组的学习情况，达到全班同学共享学习资源和收获体会，巩固所学的知识内容。

三、学习拓展

(一)农村集体资产股份制改革基本政策

1.“三资”清理登记

货币资金按实盘点；集体资产实行账实核对，计价方式一般以账面原值为准；集体债权债务实行账实核对。对盘盈的资产，由村三资清查组按重置市场价估价，盘盈的债权按实计算，报乡镇“三资”办核准。对盘亏的资产和不良债权，由村民(代表)会议表决核销，报乡镇“三资”办备案。资源和公益性资产，先予登记，暂不评估。

2. 折股量化范围

在清产核资的基础上，将村集体所有的经营性净资产全部折股量化到人。只有少量经营性资产或无收益的村，重点是确定社员在集体资产中所占的股份。公益性资产和资源不列入量化范畴，登记造册后由改革后的股份经济合作社经营管理。耕地、林地等土地资源按照原承包关系继续经营。在股份合作制改革之后，因土地征用带来的集体所得土地补偿款(扣除必需社保资金后的余额)、公益性资产资源转化为经营性资产、集体资产置换增值收益等，应及时足额追加到总股本中。

3. 股权设置办法

原则上只设“人口股”，具体由村民(代表)会议讨论确定。

4. 股权享有对象

人口股对象确定：至改革基准日(改革实施方案决议通过之日)，原则上以法律法规和上级政策明确规定具有社员资格和保留社员资格的人员为对象，男女老少各一份，对特殊对象的确认须经村民(代表)会议应到代表2/3以上表决通过。

5. 股权管理模式

原则上实行股权静态管理。如果遇集体土地大部分被征用，集体资产或农业人口大幅度变动等特殊情形需要适当调整股权的，必须经村民(代表)会议讨论通过，经乡镇政府审核批准并报区农村集体资产管理部门备案后，可以每5年进行股权小调整。

6. 组织设置方法

农村集体资产股份合作制改革后，原村经济合作社更名为股份经济合作社。股份经济合作社设立股东(代表)会议、董事会、监事会。首届股东代表和董事会、监事会成员，一般由原社员代表和社管会、社监会成员直接过渡产生，董事长原则上由原村经济合作社社长担任。董事会、监事会每届任期3年，可连选连任，并与农村组织同步进行换届。

7. 收益分配管理

改革之后原福利分配政策应视情调整，向股份分红为主转变。股份经济合作社在年终收益分配前须经乡镇农村集体经济审计机构审计。农村组织运行经费、公益福利性开支均在收益分配前列支，当年提取公积公益金不少于净收益的30%，其他提留按实际需要由股东(代表)会议讨论决定，剩余收益按股东拥有的股份进行分配。年终的财务决算和收益分配方案须报乡镇“三资”办审核，由股东代表会议讨论通过后执行。

(二)农村集体资产股份合作制改革基本原则

1. 依法原则

改革工作必须依法进行操作，具体操作方案和有关制度不得与法律法规和上级政策相抵触，坚持村集体资产所有权不变，由改革后的股份经济合作社代表全体社员依法行使集体资产的所有权和经营管理权。量化到人的股权只作为享有集体经济收益分配的依据，不作为农村建房、土地承包、社会保障、安置补偿等其他政策条件的享有依据。

2. 民主原则

农村集体资产股份合作制改革过程中的重大事项，以及对法律法规不明确或无政策依据的问题进行决策时，都要充分发扬民主，尊重农民意愿，公开透明操作，通过召开村民(社员)代表会议，进行民主讨论，形成书面决议，并张榜公布。

3. 公正原则

农村集体资产股份量化和经营管理，必须依据法律，尊重历史，公平合理，妥善处理好各种利益关系，既要保证集体经济的可持续发展，又要考虑农民群众的现实需求；既要保证现有农民的合法权益，又要尊重、考虑原有农民的劳动贡献，有效解决农村特殊群体的利益保障问题。

4. 分类原则

要根据不同类型集体经济发展情况，因村制宜，分类指导，有序推进农村集体资产股份合作制改革工作。

任务2　多种要素入股组建合作社流程

一、学习准备

如何开展多种要素入股组建合作社的工作?

(一)知识准备

多种要素入股组建农村新型股份合作社，就是农民以劳务收入、资金、技术、设施设备、生物资产、农村土地承包经营权和林权等多种要素作为股份，组建农民股份合作社(图 4-6)。

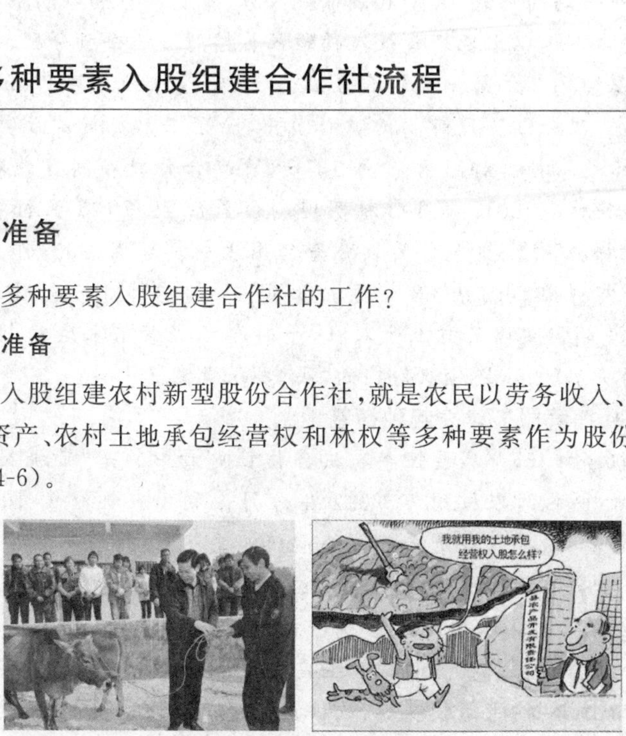

图 4-6　黄牛、土地承包权都可作为股份

【阅读小案例】

一个"带地入社"一个"带机入社"

临沂市郯城县位于山东省最南端，地处鲁苏交界，素有"山东粮仓"之称。为推进农业生产经营方式的改革创新，郯城县育新和恒丰两个农机专业合作社试行"带地入社"、"带机入社"模式，把股份制合作引入农业生产经营，为深化农业改革、构建新型农业经营体系提供了一条有益的新思路。

1. 带地入社两次分红农民增产又增收

育新农机合作社成立于2009年，注册资金10万元，主要为周围农户提供机械化生产、水稻机械化育插秧、机防植保等农业社会化服务，2011年被农业部等12家单位评为“全国首批农民专业合作社”。2013年合作社资产总额达730余万元，拥有农机具120余台套、大型拖拉机10台、收获机12台、配套机械98台，固定资产总价值580万元。如此快速的发展，得益于育新合作社科学合理的分红制度。育新合作社以股份制的形式，鼓励农民带地入社、带资入社和以农机折价入社。按照育新合作社的章程，以土地经营权入股的社员按照1亩每股分配，每个带地入社社员可以享受每亩700元第一次保底分红，以资金入社社员按2 000元每股进行分配，不享受第一次分红。目前，330户社员中，除了三户社员是带资入社外，其他社员全部都是带地入社。2014年3月13日，育新合作社在新建的农机综合大院进行了年度二次分红。2013年合作社实现剩余盈余29.75万余元，其中7%用于公益金，即文化福利事业；10%作为教育基金用于成员培训；20%作为风险基金用于生产经营损失补贴。剩余63%用于社员分红，总计1 517股，每股可分得123.50元。社员胡俊玺以7亩土地入社，平时自己经营苗木生意，数着手中的钞票，他对这样两头不耽误，还领双份钱的“买卖”很满意。

2. 带机入社托管服务建立起种植基地

同样是农机合作社，郯城县恒丰农机合作社更看中的是“带机入社”。理事长高永曾经当过教师，做过农机销售，2012年3月他利用农机销售渠道的优势成立了恒丰农机合作社，主要业务是进行育秧、插秧、播种、收割等一条龙托管服务。通过土地流转，目前合作社为周边20个村，近4 000亩土地进行托管服务，每亩收费305元。恒丰合作社同样以土地经营权一亩作为一股，资金1 000元一股进行分配，没有保底分红。而入社社员的收入主要由以下几个部分组成：在合作社的种植基地和托管土地打工，按照驾驶农机、放秧盘等分工不同，用工费不同，平均农忙一人100元一天，农闲50～60元一天；跨区作业，驾驶合作社的农机跨省插秧，费用为55元一亩，其中15元归合作社；年底分红，合作社从盈余中提取70%用于社员分红。2013年元旦后，恒丰农机合作社进行的分红中，每股分得136元。杨集镇高瓦房村的于志成告诉记者，他以自家15亩土地和13万元加入合作社，这13万并不是现金，而是由他的一台拖拉机和高速插秧机折价而成的。一台拖拉机10万元，扣除农机补贴2万元，插秧机10.6万元，扣除农机补贴4.5万元，再减去使用时长的折旧，于志成大概145股分得2万多元，加上他在合作社基地插秧赚得2.8万元工资，农闲时在外打工，一年的收入也有将近8万余元，和过去自己种地相比，收入很可观。

郯城县农机合作社的发展为我们提供了很好的经验借鉴。从运作模式来看，育新农机合作社属于入股型，以分散的土地集中起来，达到提高土地效益的效果，而恒丰农机合作社是托管型，利用农机具的优势进行从种到收的全程管理，进而发展自己的种植基地。（资料来源：http://szb.farmer.com.cn/nmrb/html/2014-06/24/nw.D110000nmrb_20140624_1-05.htm? div=－1）

组建多种要素入股的农民股份合作社，一般要经过论证、筹备、入社、设立、登记、办证和备案环节，其流程如图 4-7 所示。

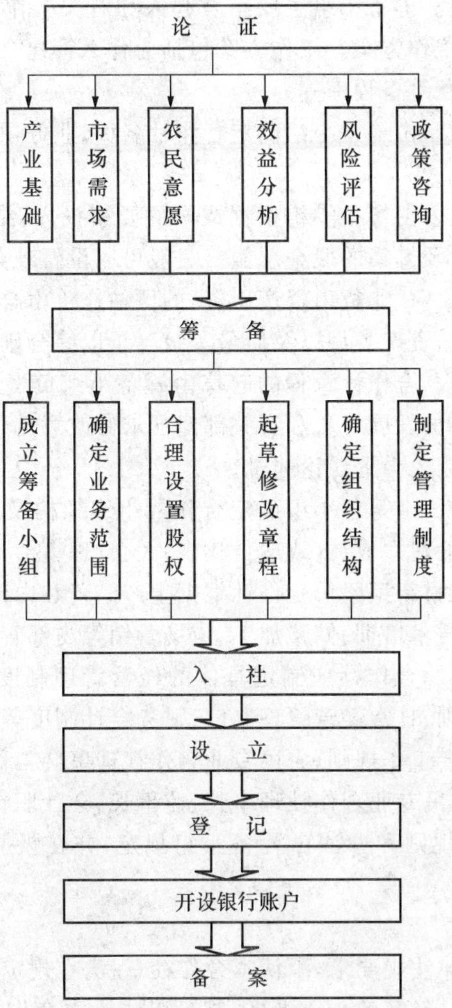

图 4-7 多种要素入股组建农村新型股份合作社流程

1. 论证阶段

主要是对一定地区的产业基础、市场需求、农民意愿、合作社可能取得的经济效益和社会效益、合作社可能存在的融资风险、市场风险、疫病风险、自然灾害风险等进行分析，并主动向有关部门咨询了解产业规划布局、政府政策支持、合作社组建程序等相关信息。

2. 筹备阶段

筹备阶段需要做好如下六项工作：

(1)成立筹备小组。筹备小组主要由发起人和有关工作人员组成。筹备小组具体负责筹备和制定工作方案。工作方案包括为什么筹建合作社，由谁牵头发起，会员入社条件及合作社筹备程序等。

(2)确定业务范围。由筹备小组确定合作社名称、业务项目、经营方式、经营范围等。

(3)合理设置股权。由筹备小组根据成员的要素投入，结合本社实际，合理设置股权，估算成员人数及筹集的股金总额。一般可以设置现金股、农村土地经营权股、林权股、技术股等。对“非货币资产出资”的评估作价由合作社全体成员协商决定，主要根据经营收益、资产类型以及质量等级等予以综合确定。

(4)起草修改章程。合作社章程的起草由筹备小组负责。筹备小组可以将章程初稿交给发起人、成员发展对象和有关部门征求修改意见。反复讨论修改，形成送审稿。然后再在设立大会上讨论通过。

(5)确定组织架构。由筹备小组确定合作社组织架构及其组成人员方案。农村新型股份合作社一般建立成员(或成员代表)大会、理事会、监事会(或执行监事)等组织机构。同时，农村新型股份合作社根据生产经营和内部管理需要，可以设置综合管理、业务指导、技术培训、储藏加工、市场营销等内部管理和工作机构。

(6)制定管理制度。合作社应制定具体的经营管理制度，包括组织机构的设置、会议制度、工作规则、日常经营管理制度、财务会计制度等。其主要有农民专业合作社成员(代表)大会工作规则，农民专业合作社理事会工作规则，农民专业合作社监事会工作规则，农民专业合作社理事长、监事长、会计职责，农民专业合作社财务管理办法等。这些规则和办法由筹备小组拟定，并在设立大会上讨论通过后实施。

3. 入社阶段

凡是符合相关法律法规要求，承认本合作社章程，在规定的时间内自愿提出书面申请，签订入股协议，经筹备小组批准，都可以成为本合作社的成员。合作社成员名单应予公布(图 4-8)。

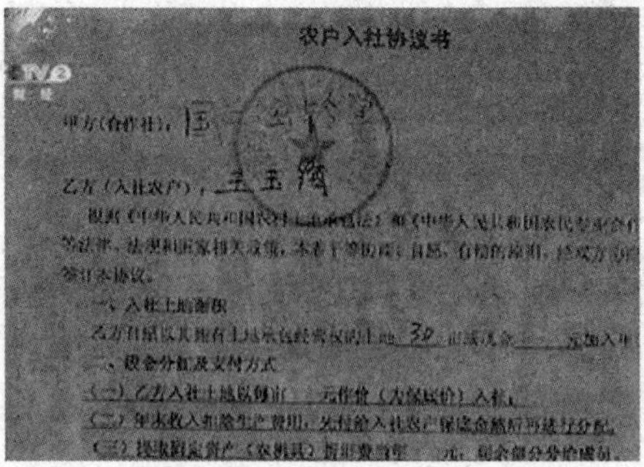
农户入社协议书

甲方（合作社）：

乙方（入社农户）：

二、股金分红及支付方式

图 4-8　农户入社协议

4. 设立阶段

由筹备小组主持召开合作社全体设立人参加的设立大会。设立大会主要议程有：

(1)听取筹备小组报告本合作社筹备工作情况；

(2)审议通过本合作社的章程；

(3)选举产生理事会理事长、理事，执行监事或监事会监事长、监事；

(4)选举成员代表(成员人数超过 150 人)；

(5)审议通过本合作社的内部各项经营管理制度；

(6)审议本合作社其他重大事项。

5. 登记阶段

准备好登记需要提交的文件，到工商行政管理部门进行设立登记，取得农民合作社法人营业执照。

6. 开立银行账户

登记之后还要刻印公章、开设银行账户，发放成员出资证明和成员证。

7. 备案

农村新型股份合作社依法登记后，应将合作社营业执照复印件及相关材料报乡镇和县农经站备案，由县农经站将其相关信息录入全国农民专业合作社经济信息网。

(二)资料准备

(1)利用现有的图书馆或资料室报纸杂志及电脑、网站、WiFi 等网络环境条件，查找多种要素入股组建农村新型股份合作社工作流程、各环节工作内容及要求等信息资料；

(2)调查当地多种要素入股组建农村新型股份合作社发展情况、组建过程要求；

(3)通过网络，查找多种要素入股组建农村新型股份合作社案例资料；

(4)教师准备的资料单：关于多种要素入股组建农村新型股份合作社流程及各环节工作内容及要求的相关文章。

如何设计和实施学习任务？

二、项目设计与实施

【项目设计】(图 4-9)

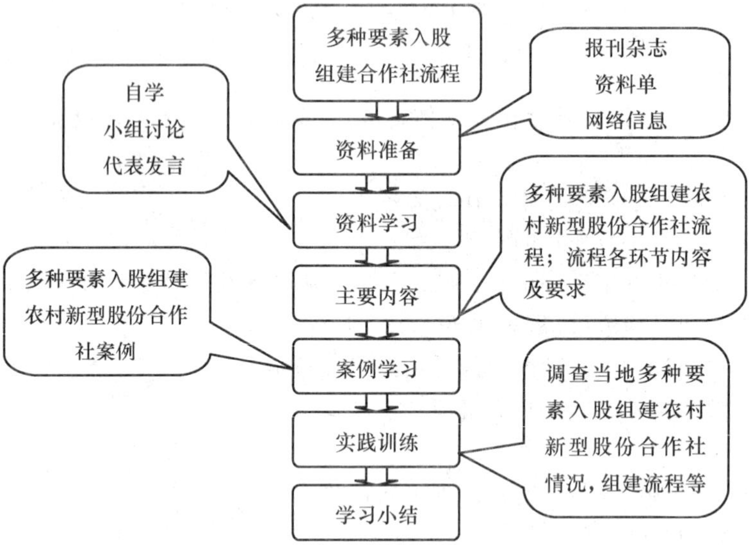

图 4-9 多种要素入股组建合作社流程学习任务完成流程

(1)安排学生课前预习多种要素入股组建农村新型股份合作社相关政策、组建流程要求。

(2)在教师的指导下，通过多种信息渠道查询资料。关键词：多要素、组建、农村新型股份合作社、流程等，汇总查找的相关资料。

(3)每组选一个代表，在全班讲解小组的学习路径、学习收获，组员补充收获的内容。

(4)教师指导学生收集多种要素入股组建农村新型股份合作社典型案例，分析案例。

(5)教师指导学生到当地有关部门和农村新型股份合作社调研，了解当地政府关于多种要素入股组建农村新型股份合作社的政策、组建要求，当地多种要素入股组建农村新型股份合作社发展情况，分小组写一份调查报告。

(6)教师组织发动全班同学讨论、评价各小组的学习情况，达到全班同学共享学习资源和收获体会，巩固所学的知识内容。

三、学习拓展

(一)新型股份合作社的制度创新

新型股份合作社是对传统合作社的制度创新。它保持合作制基本特征，并吸收股份制在要素配置和效率方面的优势，与传统的农村经济组织存在着多方面差异。

1. 股份合作社不同于单纯的股份制

股份制遵循股权原则，股份额度直接决定股东的决策权力。而股份合作社不但集资的内容可以多样化，包括资金、劳动、技术等的合作，更须遵循劳动联合与资本联合并重的原则。为保证农民的权益，大部分股份合作社对外来(非农)投资者的决策权力有一定限制。

2. 股份合作社不同于单纯的合作制

普通合作社是以资金、技术为重点的基本合作，是松散型的组织。股份合作社是不同的参与者以资金或实物(如三权等)参股进行合作运营，是紧密型的组织。股份合作社在生产经营目标、管理结构、股权流动、分配制度等方面，均与传统的普通合作社存在差异。

3. 股份合作社不同于股份合作企业

股份合作的方式，可以分为劳资合一型和劳资联合型。从实际运营来看，由于工业投资的可转移性和流动性强，股份合作企业中劳资联合的比例较大；而农业投资的专用性与长期性，决定了股份合作社中劳资合一的比例较大，更强调“利益共享”的机制，从而导致股份合作社与股份制企业在决策方式、股份流动、盈利模式等方面的差异。

(二)完善管理制度

农村新型股份合作社应建立健全各县基本管理制度。

(1)民主管理制度，包括民主选举制度，民主决策制度，民主监督制度。

(2)建立资产安全责任制，新型股份合作社严禁为社外法人和个人提供经济担保。

(3)健全新型股份合作社资产登记制度，全部资产应登记造册并定期组织开展资产清查核实工作。

(4)健全固定资产折旧制度,原则上应按最短规定期限足额提取折旧费。

(5)健全财务管理制度,加强成本核算,严格控制非生产性开支。

(6)建立内部审计制度,加强审计监督,加强对本社财务及其他经济活动的审计监督。

(7)实行民主理财制度,会计年度终了必须及时编制并公布资产负债表、财务收支表。

(8)规范收益分配制度,董事会依有关规定拟订方案,报股东代表大会批准后实施。

(9)规范劳动用工制度,依据国家现行规定和股东代表大会决议制定相应的劳动用工制度,实行劳动用工合同制。

(10)健全劳动保障制度,努力使符合国家法律、法规规定的人员按规定参加社会保障体系。

任务3　改造专业合作社为股份合作社步骤

一、学习准备

如何把专业合作社改造为股份合作社?

(一)知识准备

将已成立的农民专业合作社,改造成为农村新型股份合作社,一般的工作步骤如图4-10所示。

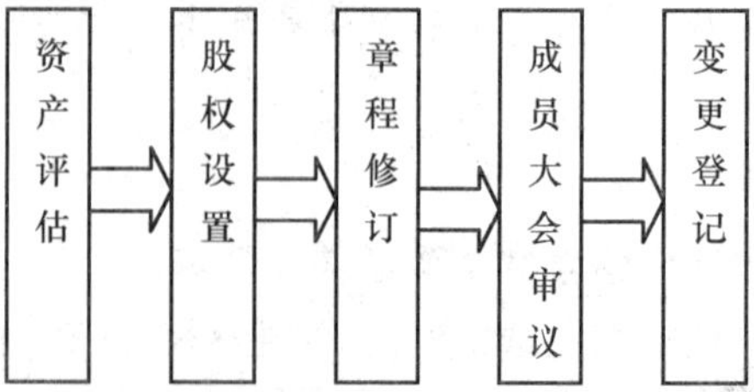

图4-10　农民专业合作社改造为股份合作社流程

1. 资产评估

对合作社现有资产、成员出资等依法进行清理和评估。

2. 股权设置

合作社理事会根据成员的要素投入，结合本社实际，拟定增资扩股或股权改造方案，合理设置股权构成及份额。一般可以设置现金股、农村土地经营权股、林权股、技术股等。对“非货币资产出资”的评估作价由合作社全体成员协商决定，主要根据经营收益、资产类型以及质量等级等予以综合确定。成员出资额及股份应提交合作社成员（代表）大会审议确认后，办理社员土地承包权、资金等要素入股手续及合作社社员原有出资入股确认手续，登记造册，并予以公布。

3. 章程修订

合作社应予以更名，对原来的合作社章程和管理制度必须进行修订，以符合农村新型股份合作社的相关要求。章程和管理制度应由合作社理事会确定专人拟草，召开理事会、监事会审议修改，在合作社成员中广泛征求意见，并征求政府及相关职能部门的意见。在此基础上，召开农村新型股份合作社成立大会审议通过。

4. 成员（代表）大会审议

农民专业合作社改造成为农村新型股份合作社，应由理事会在充分论证并广泛征求合作社成员意见的基础上提出方案，连同资产评估情况、股权设置方案、更改社名方案、修改的章程及管理制度等，交由合作社成员（代表）大会审议通过并形成决议。

5. 变更登记

按要求整理以下登记资料，到工商部门办理变更登记手续。

【阅读小案例】

山林慈竹岗金银花股份合作社

隆盛镇山林村 6 个村民小组 426 户农民以土地承包经营权和劳动力折价，业主以金银花苗、种植技术和肥料、农药等农资折价入股组建了重庆市綦江区山林慈竹岗金银花股份合作社。

合作社股份由农户的土地和劳动力，公司的种苗、市场和技术等构成，具体收益按相应比例根据总收益分成。折价入股比例为土地承包经营权占 5%，劳动力占 45%，种苗占 20%，种植技术占 10%，肥料、农药等农资 20%。股份合作社已栽种金银花 1 300 多亩、16 万株。金银花种植标准每亩 130 株，3 年后投产，亩产 1 300 千克。根据股份合作社与公司签订的合同规定，按 18 元/千克保底价收购，亩收益可达 23 000 元。根据股份合作社章程规定，提取收益的 5%作为股份合作社的公积公益金、风险保证金和管理人员的工资，剩余部分按入股比例分配，农户每亩土地可分得红利上万元。山林村村民胡在刚已将自家全部的土地都栽种上了金银花。他说，种苗、肥料、农药、技术全都由业主负责，自己只需要管理好金银花，等金银花投产时分红，无额外风险。

借着全村大力发展金银花，成立股份合作社，山林村还积极动员本村在外发展较好的成功人士返乡搞产业。如今，该村已经办起了养牛场、养猪场等，正逐步走向产业发展之路。

（资料来源：http://www.cqqjnews.cn/qijiang_content/2012-04/17/）

（二）资料准备

（1）利用现有的图书馆或资料室报纸杂志及现有的电脑、网站、WiFi 等网络环境条件，查找农民专业合作社改造为新型股份合作社工作流程信息资料；

（2）深入当地已经完成新型股份合作社改造的合作社调查，了解改造过程；

（3）通过网络，查找专业合作社改造为新型股份合作社的案例资料；

（4）教师准备的资料单：关于农民专业合作社改造为新型股份合作社的改造步骤、股权设置、章程修订、变更登记等的相关文章。

如何设计和实施学习任务？

二、项目设计与实施

【项目设计】（图 4-11）

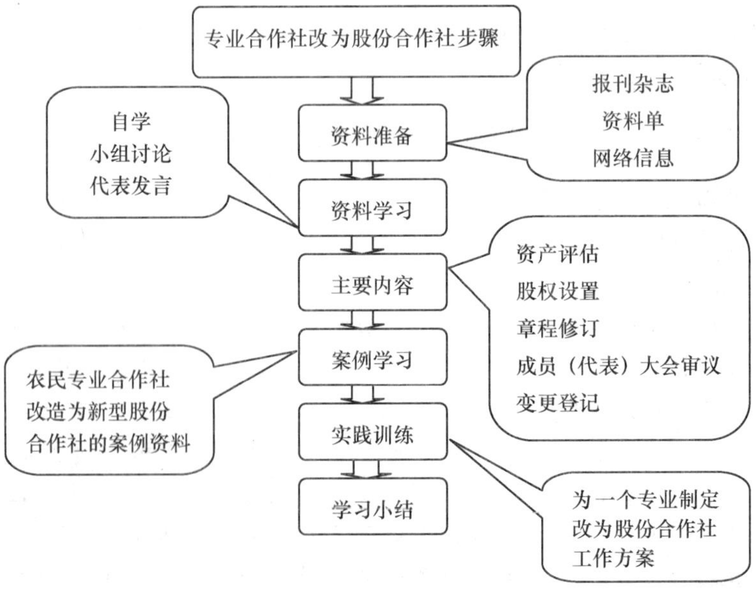

图 4-11　改造专业合作社为股份合作社步骤学习任务完成流程

【项目实施】

(1)安排学生课前预习农民专业合作社改造为新型股份合作社有关资产评估、股权设置、章程修订、成员(代表)大会审议、变更登记等内容。

(2)在教师的指导下,通过多种信息渠道查询资料。关键词有:专业合作社、改造、新型股份合作社,汇总查找的相关资料。

(3)每组选一个代表,在全班讲解小组的学习路径、学习收获,组员补充收获的内容。

(4)教师组织学生查找专业合作社改组为新型股份合作社的案例,分析案例。

(5)教师指导学生分小组为当地农民专业合作社制定一份改组为新型股份合作社的工作方案。

(6)教师组织发动全班同学讨论、评价各小组的学习情况,达到全班同学共享学习资源和收获体会,巩固所学的知识内容。

三、学习拓展

(一)制度安排保障农民权

新型股份合作社作为对传统合作社的改造升级,在积极引入外部人员的同时,必须坚持合作社保障弱势农民权益的根本原则,否则就违背了合作社设立的初衷。为保障资本力量相对较弱、投入劳动到合作社中的农民地位权益,可以从以下几方面进行制度安排。

1. 限制股份合作社外部股份数量,保证农民在决策权中的相对多数

农村新型股份合作社的发展,应体现农民的主体地位。我国合作社法中对农民所占比例有明确的规定。股份合作社中,外部成员的数量可能较少,但其资本能力可能较强,如果不采取措施保障农民权益,由于股本量、管理技能等多方面优势,股份合作社很有可能被外部成员控制。因此,可在股份合作社章程中,明确规定非农户外部成员在股本占有、公司投票决策权中所占比例,不能达到相对多数,实行“一股一票”加“一人一票”等,从制度上保障股份合作社不被外部非农户成员控制。

2. 引入激励与约束机制,保证农民在专有性资产投资中的地位

合作社运行过程中,即使制度约束了外部投资者的表决权等权利,但仍然会通过资产专用性投资影响农民的正当收益。因此,为保证农户的专用性投资积极性及投资收益,一方面,可在农户的专用性投资不可减少的情况下,增大外部投资者的专用性投资如设备、设施,其可撤出性大大降低。另一方面,可引入声誉机制,通过对外部投资者的长期激励措施,如股权激励计划、期权激励等,降低外部投资者的机会主义行为。

3. 建立治理实施路径，保证农民行使权利的途径通畅

股份合作社首先要建立完善与规范的治理制度，同时要建立行之有效的治理实施路径。受农民的观念、意识及能力所限，合作社即使建立起规范的治理制度，制度的实施及各种规范的执行也存在较大问题，如社员大会的参与率、投票率，有效票的计量等。另外，拥有相对多数股份及投票权的农民整体也容易被外部投资者分散“俘获”，从而难以保障自身权益。因此，合作社的监事会或董事会中的农民成员作为农民的骨干和代表，在合作社决策的过程中需要严格保障其执行监督职能。同时，应在社员大会上大力宣传普及合作社成员的各项责任、权利及义务，让农民明白合作社的发展成长与切身利益密切相关，积极参与到合作社的实际运行中来；并且扩大农民行使权利的途径，如除了通过投票等方式“用手投票”，还可以透过转移、退出股份等方式“用脚投票”，增大农民在合作社中的权利。

(二)股份合作发展模式

1.“三权”入股合作模式

农村集体经济组织成员以其承包地经营权、林权、房屋产权入股，结成自愿联合、民主管理的专业合作社。承包地经营权、林权、房屋产权经过评估公司作价或成员讨论作价作为专业合作社的出资。

2. 要素入股合作模式

农村集体经济组织成员以其承包地经营权、林权、房屋产权以及地上果树林木、有关设施设备与基层供销社的资本、冷链物流、经营场所等参股合作，确定持股方式、确定持股股金和分配股份，实现要素之间紧密结合、相互融合。

3. 多元入股合作模式

农村集体经济组织成员以其承包地经营权、林权、房屋产权入股，企业、事业单位或社会团体及个人以资本、知识产权、技术服务等入股，形成“三权＋单位出资＋个人出资＋知识技术”的多种股份。

4. 集体资产量化入股合作模式

乡村集体经济组织把集体资产如厂房、工厂、商店、果园等量化到农村集体经济组织成员作为合作社成员股份，带领农民实现按股分享经营收益。

四、评价反馈

评价反馈过程和内容见附件。

模块三　农民合作社治理结构和人员管理

项目五　构建农民合作社治理结构

项目六　管理农民合作社成员

项目七　管理农民合作社雇员

项目五　构建农民合作社治理结构

【项目目标】

完成本项目学习后，你应该能

1. 设计农民专业合作社治理结构
2. 设计农村新型股份合作社治理结构
3. 确定农民专业合作社成员(代表)大会组成、权力
4. 确定农民合作社理事会、理事长职责

【引导案例】

完善制度，规范发展——湖北省来凤县杨梅专业合作社

"中国50佳农民专业合作社"之一的湖北省来凤县杨梅专业合作社成立于2003年，是一个集杨梅栽培、收购、加工、外销等一条龙产销模式的合作社。据统计，杨梅合作社正式成立以来，三胡乡杨梅种植面积由16 107亩迅速扩大到30 000亩，产量近2 000吨，产品远销到湖北、湖南、河南、重庆、广东等省市。

合作社成立之初，其主要职能就是通过各片区联系建社时的500多成员，定点收购杨梅，然后交售给杨梅酒厂进行深加工，合作社与成员签订最低保护价收购协议，企业、合作社与农户之间的风险性都较大。2006年8月，合作社召开成员代表会议选举产生了合作社新一届理事会和监事会，审议通过了合作社章程修改草案和杨梅酒厂以生产设施折资入股的决议，同时将"来凤县三胡杨梅专业合作社"更名为"来凤县杨梅专业合作社"；2007年8月来凤县杨梅专业合作社依法在工商部门进行了重新登记，换发了合作社专用营业执照。合作社机构由成员大会、成员代

表大会、理事会、监事会构成，同时合作社设立了技术生产部、产品营销部、政策法规部等内设机构，明确了各机构的主要职权职责，同时拟订了理事会主任、副主任及理事和监事会主任、副主任及监事的职责，为合作社的规范运转提供了强有力的制度保障。合作社坚持“民办、民管、民受益”的办社宗旨，坚持“风险共担、利益均沾”的办社原则，采取民主议事和民主理财方式逐步壮大合作社的发展。合作社最高权力机构为成员大会，每年召开 1 次；设立成员代表大会，各片区从成员推选出 230 人作为成员大会的代表，对合作社的日常重大决策事项经张榜公布征求成员意见后，按照一人一票制度提交成员代表大会民主讨论，经 2/3 以上代表讨论同意后形成决议，并再次进行张榜公布。理事会对成员代表大会负责，执行成员代表大会的决议，负责合作社日常工作，监理会履行成员代表大会授予的监督职能，正确处理合作社与农户、企业之间的发展关系，带领农民发展生产，进入市场，增加收入。合作社实行独立的财务管理和会计核算，建立了成员账户，量化记载成员产品交售量、出资额及公积金变化情况。合作社建立健全财务和会计制度，实行理事会审批、监事会审核的财务审批制度，对超过 1 万元以上开支的项目实行民主讨论，实行按季度财务定期公开，重大事项及时公开。合作社委托县、乡农村经济审计机构对合作社财务进行年度审计，针对上级专项扶持资金进行专项审计，在合作社换届或理事会、监事会人员发生变更后进行离任审计，并张榜公布审计结果，接受成员监督。

之后，在省、州、县三级农合办的大力指导下，三胡杨梅合作社在合作方式及内部管理服务上进行了大刀阔斧的改革：一是建立健全了合作社的内部制度，实行财务统一核算，建立成员台账，发放《成员证》；二是加强合作社服务能力建设，设置技术生产部，专门负责产前、产中及产后的各类服务；三是明确杨梅酒厂作为合作社的一个单位成员加入合作社，将其生产设施折资加入到合作社，生产厂房及办公设施租赁给合作社；四是落实成员大会制度，重大事项一律实行民主表决。

合作社规范运作，果农入社踊跃，社员从开始成立时的 80 名发展到 3 424 名，涉及全乡 8 个村。2011 年杨梅合作社总资产达到 847 万元，销售收入 874 万元，年度盈余 125 万元，实现社员盈余返还 87.5 万元。社员人均收入 2 556 元，比非社员果农高出 42%。

（资料来源：http://www.myeducs.cn/mianfeilunwen/nonglinxuelei/10071286/index4.htm）

案例点评：合作社是一种利益共同体，农户加入是为了降低风险，提升自身利益组成。合作社可持续发展的关键是实现合作社参与方的自身利益、维护各方利益均衡。湖北省来凤县杨梅专业合作社之所以在梅农中的凝聚力、影响力、辐射力越来越强大，源于合作社搭建了体现民主管理特点和经济效率需求的法人治理结构，成员大会、理事会和监事会的设置对合作社的规范运行有着重要的影响。

任务1 搭建农民专业合作社法人治理结构

一、学习准备

农民专业合作社法人治理结构是什么样的?

(一)知识准备

农民专业合作社治理法人结构是指反映合作社社员、社员大会、理(董)事会、监事会之间相互制衡关系和利益协调的制度安排。农民专业合作社的法人治理结构按照决策、执行、监督三大职能进行设计,借鉴公司治理结构模式,设立社员(代表)大会、理事会和监事会,组成有机运行体系。

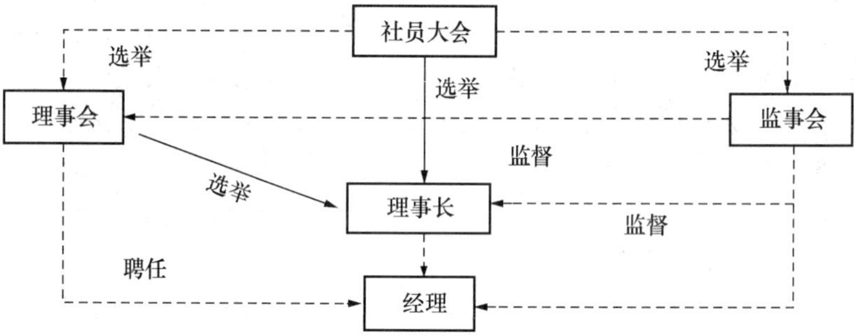

图5-1 农民专业合作社治理流程

1. 社员(代表)大会

社员大会是农民合作社的权力机构。社员人数超过150人的,可以设置社员代表大会,行使社员大会的职权(图5-2)。社员(代表)大会具有以下职权:

(1)审议、修改本社章程和各项规章制度;

(2)选举和罢免理事长、理事会和监事会成员;

(3)决定社员增加或者减少出资及标准;

(4)审议本社的发展规划和年度业务经营计划;

(5)审议批准本社年度财务预、决算方案和盈余分配、亏损弥补方案;

(6)审议批准本社理事会、监事会的年度业务报告和业务经营上的重要事项;

图 5-2　召开合作社社员(代表)大会

(7)决定本社的合并、分立、解散、清算和对外联合；

(8)决定聘任本社主要经营管理人员和财务会计的人数、资格、任期；

(9)决定本社其他重大事项。

2. 理事会

理事会是农民合作社的执行机构，由成员大会从本社成员中选举产生，对成员大会负责。理事会设理事长一名，为本社的法定代表人。理事会的一般职责包括：

(1)组织召开社员大会并报告工作，执行社员大会决议；

(2)制订本社发展规划、年度业务经营计划、内部管理规章制度等，提交社员大会审议；

(3)制定本社年度财务预决算、盈余分配和亏损弥补等方案，提交社员(代表)大会审议；

(4)决定社员加入、退出、继承、除名、奖励、处分等事项；

(5)组织培训和各种协作活动；

(6)决定聘任或者解聘本社经营管理负责人和财务会计负责人；

(7)管理本社的资产和财务，保障本社的财产安全；

(8)接受、答复、处理监事会提出的有关质询和建议；

(9)履行社员大会授予的其他职责。

图 5-3 为某合作社的理事会及理事长职责。

3. 执行监事或监事会

执行监事或监事会是农民合作社的监察机构，由社员(代表)大会选举产生。《农民专业合作社法》规定，执行监事或者监事会不是农民专业合作社的必设机构。如果成员大会认为必要则设立，由合作社在章程中规定。一般讲，合作社设执行监事的，不再设监事会。执行监事或监事会通常具有下列职权：

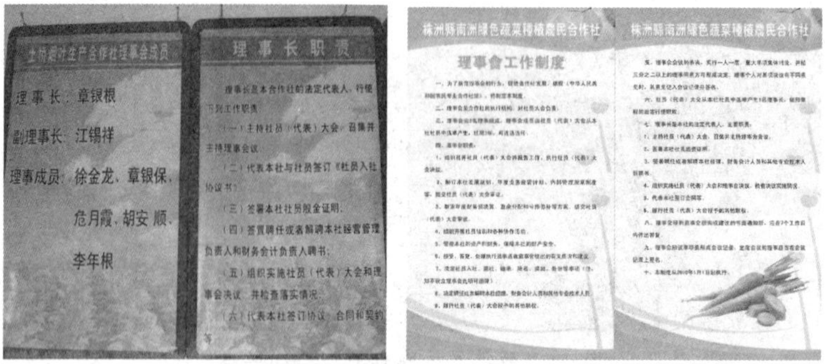

图 5-3　理事会及理事长职责

(1)监督、检查合作社的财务状况和业务执行情况，包括对本社的财务进行内部审计；

(2)对理事长或者理事会、经理等管理人员的职务行为进行监督；

(3)提议召开临时成员大会。

4. 经理层

《农民专业合作社法》第二十八条规定，农民专业合作社的理事长或者理事会可以按照成员大会的决定聘任经理，负责农民专业合作社的具体生产经营活动。经理在理事会(理事长)的领导下工作，对理事会(理事长)负责，由理事会(理事长)决定聘任和解聘。经理是合作社的雇员。

经理不是农民专业合作社的法定机构，合作社可以聘任经理，也可以不聘任经理，由理事长或者理事会直接管理农民专业合作社的具体生产经营活动。经理可以由本社成员担任，也可以从外面聘请。是否需要聘任经理，由合作社根据自身的经营规模和具体情况而定。

阅读小资料

加拿大合作社内部治理结构

加拿大的合作社之所以具有旺盛的生命力，关键在于具有健全的内部运行机制。不管什么类型的合作社，都有一个共同的特征：合作社确实是成员自己所有。成员所有有两个条件：一是合作社的财产包括公共积累等为成员共同所有；二是每个成员的财产权份额是清楚的。在新一代合作社中，由于所需投资额比较大，为吸引更多资本，资产实力较强的成员可以拥有较多的股份，成员之间的财产权存在明显差异。

阅读小资料

承担责任是成员分享产权和受益的前提条件。成员在加入合作社以前，一般都要交纳一定的股金。Leroy 生猪合作社一共设 100 股，如果要获得一股，成员就要支付 2 万加元购买股份，否则不能成为成员。Agropur 合作社是加拿大最大的猪肉加工商，目前，要成为该合作社基层社的会员，一般要交纳 1 000～2 000 加元(1 加元≈4.96 元人民币)。成员能否充分表达自己意愿和行使自己的权力是合作社是否具有凝聚力的关键。通过层层民主选举与控制，加拿大合作社成员能够行使自己的选举权和被选举权。当选者也能充分代表成员的利益。

萨斯喀彻温大豆种植合作组织的 2 万名成员分布在萨斯喀彻温大都种植区域。该组织每 3 年选举理事会成员。只要有 3 名会员推荐，就可以成为候选人。在候选人确定以后，合作组织就会将每个候选人的情况印发并通过邮寄以及媒体等多种途径将信息发给各个成员。正式选举一般在萨斯喀通市举行，正常情况下，一般会有 2 000 名左右的成员到会参加投票选举。政府派出官员监督选举的合法性。在选举结果出来以后，大豆种植合作组织将选举结果报告给政府就可以了。只要不存在不合法问题，政府不会提出异议。

虽然不同合作社的利益联结机制不同，但都比较规范。最根本的一条就是保证了成员的获利与成员对合作社的贡献的对称。合作社给成员的返利一般根据成员的惠顾额进行，分红则按照股份进行。

(资料来源：http://news.idoican.com.cn/hbkejib/html/2014-07/29/content_5254251.htm? div=-1)

(二)资料准备

(1)利用现有的图书馆或资料室以及报纸杂志，查找有关农民专业合作社示范社治理结构的信息资料；

(2)调查当地农民合作社，了解其社员(代表)大会、理事会和监事会设置情况及职责履行情况；

(3)利用现有的电脑、网站、WiFi 等网络环境条件，查找有关农民专业合作社社员(代表)大会、理事会、监事会、经理层等产生及权利设置方面的信息资料；

(4)教师准备的资料单：关于合作社成功案例的相关文章。

如何设计和实施学习任务?

二、项目设计与实施

【项目设计】(图 5-4)

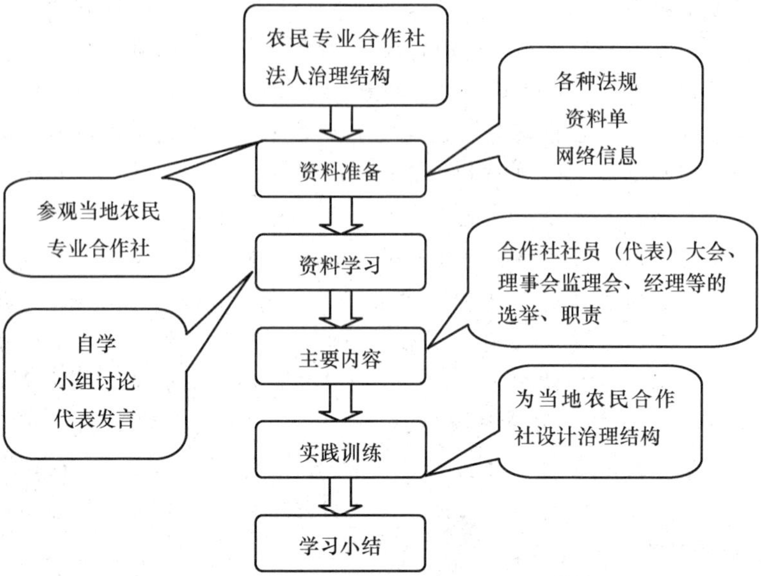

图 5-4 搭建农民专业合作社法人治理结构学习任务完成流程

【项目实施】

(1)安排学生课前预习农民专业合作社社员(代表)大会的各种法规,理事会、监理会、经理等的任命规定。

(2)在教师的指导下,通过多种信息渠道查询资料。关键词:专业合作社社员(代表)大会、理事会、监理会、经理等。

(3)教师组织学生参观当地农民合作社示范社,了解其组织机构、机构职责。

(4)汇总相关资料,小组讨论共同完成一份学习收获。每组选一个代表进行发言,谈一谈学习收获。

(5)教师指导学生分组调查当地农民合作社治理结构是否合理完善,并为其设计一份合理的治理结构,并明确各机构的职责。

(6)教师组织发动全班同学讨论、评价各小组的学习情况,达到全班同学共享学习资源和收获体会,巩固所学的知识内容。

三、学习拓展

农民合作社健康发展的基础和前提是完善其决策机制和建立监督制度。

(一)完善农民专业合作社的决策机制

(1)明确规定表决权委托代理制度。表决权是合作社社员行使民主管理的一项基本权利,社员通过行使表决权,形成社员大会决议,决定合作社的重大事项。合作社社员基于能力问题或其他客观情况不能行使表决权时,可以将表决权委托于他人,当然,对于表决权委托必须做出限制,如代理人代理的社员数的最高限制。

(2)增加普通社员的提案权的规定。我国合作社法规定30%以上的成员提议应当召开临时成员大会,但没有普通成员的提案权,限制了合作社社员参与民主管理、维护自身权益的权利。

(二)完善农民专业合作社的监督制度

(1)法律直接规定专门设立监督机构和组成人员。如果由章程规定设立监督机构,极有可能空置,对合作社的经营者就少了一股监督力量,不利于合作社的规范发展。因此,应将监事会或执行监事作为合作社的法定机构予以设立,并且普通社员不低于监事会人员的1/3。

(2)建立信息披露制度。农民专业合作社必须强化信息披露制度,及时、准确、客观地披露合作社的财务、业务、经营状况,使合作社社员知晓合作社事务,对合作社规范发展进行有效监督。

(3)实行独立监事制度。我国合作社发生发展的环境是农村的熟人社会,其监督也会受到地缘、血缘、亲缘关系的影响,造成监督不力、效率低下。因此,应借鉴公司法人治理结构制度,引入独立监事制度,确保监督的客观、公开、高效。

任务2　搭建农村新型股份合作社治理结构

一、学习准备

农村新型股份合作社的治理结构是什么样的?

(一)知识准备

新型股份合作社是对传统合作社的制度创新,它保持合作制基本特征,并吸收股份制在要素配置和效率方面的优势，与传统的农村经济组织存在着多方面差异。从股份合作社治理的角度来看，由于引入外部相关合作者，如资本、技术、加工、市场等，股份合作社治理也存在所有权与经营权的分离，但委托人与代理人之间不但存在股份之间的资本关系，还存在劳动之间的合作关系。因此，股份合作社普遍采用"一人一票"加"一股一票"的治理方式，为保证农民的权益，需要对外部资本的决策权进行限制，如外部资本的股份上限、表决权上限等。

农村新型股份合作社应建立股东（代表）大会、理事会、监事会（执行监事）等组织结构，明确各自自责，依照章程规定行使职权。根据需要，农村股份合作社可以聘请职业经理（图 5-5）。

图 5-5 成立农村新型股份合作社

1. 股东（代表）大会

股东（代表）大会是股份合作社的最高权力机构，每个股东享受平等权利，依法承担有限责任。股份合作社的重大投资决策、经营方针、年度计划及执行情况，须经股东（代表）大会讨论决定。股东（代表）大会行使下列职权：

（1）决定或者罢免理事会、监事会成员；

（2）审议批准合作社年度财务预算、决算方案；

（3）审议批准合作社年度利润分配和亏损弥补方案；

（4）审议批准合作社股份调整方案；

（5）审议批准合作社增减注册资金方案；

（6）审议批准合作社合并、分立、变更组织形式、解散和清算方案；

（7）决定修改合作社章程；

（8）其他职权：选举股东代表。

股东（代表）享有平等的权利，实行"一人一票"的表决制度。合作社股东大会做出决议必须经 2/3 以上股东代表表决通过。

2. 理事会

理事会是股东（代表）大会的执行机构和日常工作机构。理事会成员可由股东大会或股东代表会议选举产生。理事会设理事长一名，由理事会全体成员推选产生。理事会行使下列职权：

（1）审定合作社的发展计划、年度生产经营计划；

（2）确定合作社经营方针和机构设置；

（3）批准合作社的规章制度；

(4)听取并审查经理的工作报告;

(5)审查合作社年度财务预算、决算方案和利润分配方案;

(6)对合作社增减注册资金、合并、分立或者清算等重大事项提出方案;

(7)聘请或解聘合作社经理,根据经理提名,聘任或者解聘合作社副经理和财务主管;

(8)决定对合作社经理、副经理和财务主管的奖惩;

(9)合作社章程规定的其他职权。

理事会决议须经全体理事半数以上同意方可通过。

3. 监事会

监事会由合作股东大会选举产生。其中,半数以上成员由成员股东出任,行使下列职权:

(1)列席理事会会议;

(2)监督理事、经理的工作;

(3)检查企业经营和财务状况;

(4)必要时,建议召开临时合作股东大会;

(5)企业章程规定的其他职权。

监事会决议须经全体监事半数以上同意方可通过。

4. 经理

经理由理事会聘任或者解聘,合作社经理对理事会负责,行使下列职权:

(1)根据合作社章程和理事会授权负责合作社的日常经营管理;

(2)组织实施合作社股东(代表)大会和理事会的决议;

(3)拟定合作社的发展规划和年度生产经营计划草案;

(4)提出合作社经营方针和管理机构设置及规章制度草案;

(5)提出合作社年度财务预算、决算方案和利润分配方案;

(6)提请聘任或者解聘合作社副经理及财务主管,任免企业其他管理人员;

(7)决定对企业副经理,不含企业副经理和财务主管以下的员工的录用、辞退和奖惩;

(8)列席理事会会议;

(9)企业章程或者理事会授权的其他职权。

(二)资料准备

(1)利用现有的图书馆或资料室报纸杂志、网络,查找关于农村新型股份合作社治理结构的信息资料;

(2)参观一个农村新型股份合作社,了解其治理结构设置;

(3)教师准备的资料单:关于农村新型股份合作社治理结构案例的相关文章。

如何设计和实施学习任务?

二、项目设计与实施

【项目设计】(图 5-6)

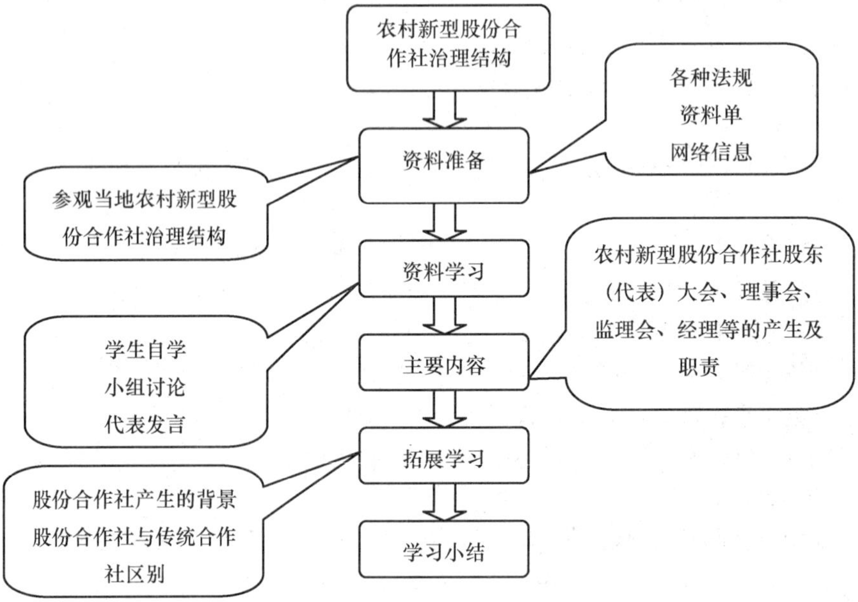

图 5-6 搭建农村新型股份合作社治理结构学习任务完成流程

【项目实施】

(1)安排学生课前预习农村新型股份合作社治理结构、股东(代表)大会,理事会、监理会、经理等职责的相关内容。

(2)在教师的指导下,通过多种信息渠道查询资料。关键词有:农村新型股份合作社、股东(代表)大会、理事会、监理会、经理等,汇总查找的相关资料。

(3)教师指导学生分小组调查当地农村新型股份合作社,了解其治理结构。每一位学生撰写一份调查总结。

(4)小组讨论反思,共同完成一份学习收获。

(5)每组选一个代表进行发言,谈一谈学习收获。

(6)教师组织发动全班同学讨论、评价各小组的学习情况,达到全班同学共享学习资源和收获体会,巩固所学的知识内容。

三、学习拓展

(一)国外股份合作社的产生

随着资本主义经济的飞速发展和农村现代化的推进,合作规模逐渐扩大,传统合作制原则已不能完全适应激烈的市场竞争的需要,最致命的缺陷是合作社集资方法的封闭性导致合作社资金的严重不足。合作社为了扩大生产经营规模、提升技术装备水平,增强生存发展能力,20 世纪 60 年代,合作社主动进行变革。最主要的变革就是顺应公司制改革及证券化融资的潮流,吸纳股份制的相关制度因素为其所用,解决合作社扩大再生产的资金需求问题。借鉴股份制开放性、多渠道、大规模、低成本的筹资功能,在保证合作社的基本原则不变的前提下,积极引入社会资本,面向社会自然人和法人出售股票,筹集发展资金。于是,股份合作社便应运而生。在这个方面美国可作范例。其基本思路是修订传统合作社只向社员内部集资这一封闭性的筹资方式,引入并对股份制加以改造,保留其筹资功能为其所用。其具体做法是:把股份公司的"普通股"改造成为相当于传统合作社的"社员股金"或"入社费",合作社的普通股只能出售给具有成为合作社社员资格的人,并且每人只许购买一股,持有此种股票的人就是合作社的社员,拥有选举权和被选举权;把股份公司的"优先股"改造成为相当于合作社的"资本股金",这种股票除了一部分出售给社员以外,多数出售给与合作社有业务往来的个人、企业和集团,持这种股票不参与合作社表决即没有表决权;限制分红水平,这种股票在票面上印有面额和固定红利率,但是它的红利率最高不能超过法律的规定,美国规定为 8%;适当引入股份制产权约束机制,这种股票在征得合作社同意以后,可以出售和转让,持有人可以通过转让即"用脚投票"的方式对合作社实现产权约束,但设置了审批环节,是一种有限约束。另一方面,传统合作社的基本原则仍然得到坚持,包括自愿入社、民主管理、限制股金分红、盈余按交易额分配等本质特征未变。

(二)股份合作社与传统合作社区别

股份合作社与传统合作社的区别主要是:

(1)传统合作社实行成员资格开放,入社退社自由,新一代合作社则要求成员资格不开放,成员退社受到一定的限制。

(2)传统合作社在成员大会表决权分配方面实行绝对的"一人一票"表决机制,而新一代合作社则承认成员表决权的差异,实行有最高限额限制的,一人多票的差额表决权机制。

(3)传统合作社的产权不甚清晰,尤其是在不可分割的公共积累上,表现的十分突出；而新一代合作社产权明晰，由于股份可以交易，意味着资产净值在已分配和未分配资本中的比例并不重要，未分配基金在交易市场上已由股份价格资本化。

(4)传统合作社严格限制资本报酬率，实现限制股金分红的原则，成员股金只能获得较低的利息；而新一代合作社允许吸收外来资本，对于持有合作社优先股的投资者实行按股分红。

(5)传统合作社强调成员管理合作社，非成员担任合作社的董事和监事受到限制，并且不要求合作社设立经理机关；而新一代合作社则实行合作社的成员所有与经营两权分离的原则，聘请职业经理负责合作社业务的经营管理。

四、评价反馈

评价反馈过程和内容见附件。

项目六　管理农民合作社成员

【项目目标】

完成本项目学习后，你应该能

1. 合法办理农民合作社成员入社事项
2. 合法办理农民合作社成员退社事项
3. 合法办理农民合作社成员变更和除名事项
4. 告知农民合作社成员权利和义务
5. 组织开展农民合作社成员教育培训工作

【引导案例】

依法办事吸引农民入社

2009 年末成立的克山县仁发现代农业农机专业合作社，当时共有成员 7 人，其中理事长出资 550 万元，其他 6 户每人出资 50 万元，加上国家补贴 1 234 万元，当时总投资 2 084 万元。2012 年，入社成员由 7 户发展到 1 222 户。

2010 年合作社正式运营，合作社从农民手中以每亩 240 元的价格租赁 1 100 亩土地种植大豆。由于租赁的是一家一户的土地，不能连片种植，大机械没能发挥作用，秋后收入和支出相抵闹个不赔不挣，当年合作社仅靠大机械为农民代耕收入 100 万元。因为纯盈利只有 13 万元，所以 2010 年没有进行分配。合作社成员忙活了一年，个人投资近千万元却分文未得，有些社员对合作社发展前景失去了信心。2011 年春，省农委领导建议合作社要吸引农民土地入社，把农民与合作社融为一体。还指导合作社依法将国家补贴收益部分平均量化给社员，让更多的农民享受到国家对合作社的扶持政策。按照省农委的建议,合作社7户成员召开会议讨论决定:一是吸引农民土地入社,并提高土地入社折资价格,每亩350元作为保底分配,每亩高出当地农户之间自行转包土地价格110元。二是先后入社的成员权利义务平等,秋后盈余按入社资金同等比例分红。三是国家补贴资金所产生的盈余,秋后按成员平均分配。四是对家庭有困难的成员,合作社最多可将本户入社土地折资款全额付息借回。五是入社成员仍享受国家发放的粮食综合补贴。六是合作社重大决策实行民主决策,一人一票,不按股权表决。七是入社自愿、退社自由,免除农民后顾之忧。合作社的决定,得到了广大农民的积极响应。不到一周时间,就有307户农民以土地入社,合作社自营土地一下就达到了1.5万亩。2011年合作社总收入达到2 763.7万元。其中,1.5万亩土地经营收入就达2 045.2万元,机械代耕作业收入还有718.5万元。扣除机具折旧、场库折旧、机械维修、驾驶员工资、管理人员工资和土地经营投入1 421.5万元,全年合作社盈利达1 342.2万元。合作社首先按照入社时承诺的每亩地保底350元进行兑现,1.5万亩土地先行兑付525万元。其次把结余的817.2万元按当年参与资金2 622万元(包括上年个人公积金13万元)进行分配,每元分得3角1分钱。其中国家补贴分利384.7万元,我们7户投资分268.9万元,农民土地分163.6万元。再将国家补贴收益384.7万元平均分配给314个社员,户均分利12 251元。土地入社的农民平均每户48.85亩土地,保底收入每户17 098元,土地第二次分利每户5 328元,国家补贴分利平均每户12 251元,每户平均合计分利34 677元。折合每亩土地平均收益710元,比当地农民土地租赁收入多470元,多出近2倍。由于2011年合作社效益明显增加,大家心里特别敞亮。经过社员大会决定:将盈余的817.2万元,提取50%记入个人公积金账户,合作社成员共提408.6万元。土地入社成员每户平均分利25 873元,亩均实际收益530元。2012年又有204户农民以1万多亩土地加入到合作社,合作社发展越来越红火。2011年和2012年合作社依法将国家补贴产生的收益平均分配给大家,土地入社迅速达到3万亩。合作社依法办事把出资人救了,更把合作社搞活了。

(资料来源:http://www.foods1.com/content/1461435/)

案例点评:明确加入合作社的资格条件,明确成员的权利和义务,保护合作社社员的合法权益,坚持入社自愿、退社自由,免除农民后顾之忧是吸引农民加入合作社的前提。克山县仁发现代农业农机专业合作社在要求农民土地整户入社的同时,采取有效措施很好地保障了合作社成员的合法权益,使仁发合作社由亏到盈、由小到大,不断发展。

任务1　农民合作社成员身份管理

一、学习准备

如何管理农民合作社成员身份？

(一)知识准备

农民合作社要坚持入社自愿、退社自由的原则，规范成员管理，做好合作社成员的入社和退出工作。

1. 成员入社

合作社成员的入社管理，涉及的工作有：明确合作社成员入社条件、入社的程序。

(1)合作社成员的入社条件。根据《农民专业合作社法》第十四条的规定，凡是具有民事行为能力的公民，以及从事与农民专业合作社业务直接有关的生产经营活动的企业、事业单位或者社会团体，能够利用农民专业合作社提供的服务，承认并遵守农民专业合作社章程，履行章程规定的入社手续的，都可以成为农民专业合作社的成员。但是《农民专业合作社法》对自然人和法人及其他组织成员加入合作社的条件进行了不同的规定。

农民专业合作社的自然人成员要符合两个条件：一是须为中国公民，这是对自然人成员国籍身份的要求；二是须具有民事行为能力，即符合法定条件，并能以自己的名义在合作社中享有权利承担义务。农民专业合作社可以根据实际情况，在符合法律规定的前提下，对成员的资格做出更为具体、明确的规定(图 6-1)。

图 6-1　农民合作社社员

在坚持成员以农民为主体的原则下，允许从事与农民专业合作社业务直接有关的公司、科研院所、推广机构、科技协会等企业、事业单位和社会团体成为农民专业合作社的成员。对于企业、事业单位和社会团体而言，则必须是从事与农民专业合作社业务直接有关的生产经营活动。

(2)入社流程。加入农民合作社一般经过如下流程(图 6-2，表 6-1)：

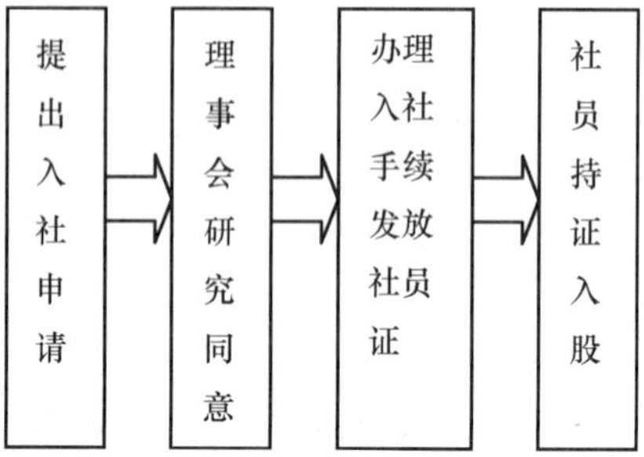

图 6-2 加入农民合作社流程

表 6-1 农民合作社入社申请表

姓名：　　性别：　　年龄：

文化程度：　　政治面貌：　　民族：

家庭住址：　　家庭人口：　　身份证号：

联系电话：

经营项目：　　经营规模：

入社申请

____________合作社：

我自愿加入__________合作社，遵守合作社章程、制度，执行合作社各项决议，履行社员义务，接受合作社的管理和指导，维护本社的权益和声誉，共同推进合作社发展。

申请人：

年　月　日

社员(代表)大会意见

经_____年___月____日社员(代表)大会研究，同意_______加入合作社。

理事长(签章)：

年　月　日

2. 合作社成员的变更

合作社是一种世界现象，全世界有6亿多合作社社员，印度1.7亿、美国。图6-3为某农民合作社社员证。

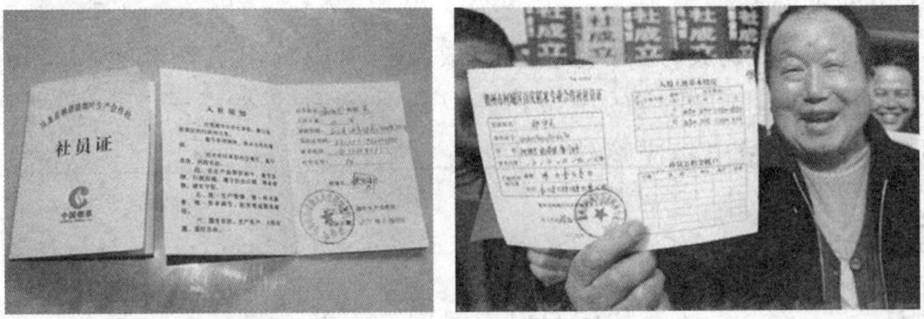

图 6-3　农民合作社社员证

3. 成员退社

加入合作社是农民的权利，退出合作社也同样是农民的权利，所以退社的时候不需要任何批准，只要按照法律的规定来办相关的手续就可以。《农民专业合作社法》第十九条对于合作社成员退社的时间、程序等问题做了如下规定：

(1)退社时间。农民专业合作社成员要求退社的，应当在财务年度终了的三个月前向理事长或者理事会提出；其中，企业、事业单位或者社会团体成员退社，应当在财务年度终了的六个月前提出；章程另有规定的，从其规定。

(2)成员资格终止时间。提出退社的成员的资格自财务年度终了时自动终止。

(3)合作社成员退社只要在规定的时间内提出声明即可，无须批准。

在退社的时候，合作社成员账户里面所记载的成员的财产都可以按照章程的规定退还给退社的成员。

为保证资格终止成员的合法权益，《农民专业合作社法》第二十一条规定，成员资格终止的，农民专业合作社应当按照章程规定的方式和期限，退还记载在该成员账户内的出资额和公积金份额；对成员资格终止前的可分配盈余，依照《农民专业合作社法》第三十七条第二款的规定向其返还。同时，也为了保护仍然留在合作社中的成员的权益，资格终止的成员还应当按照章程规定分摊资格终止前本社的亏损及债务。

农民专业合作社的成员按照章程规定与本社签订合同，进行交易，是成员的一项重要义务。根据任《农民专业合作社法》第二十条和第二十一条的规定，成员在其资格终止前与农民专业合作社已订立的合同，合作社和退社成员双方均应当继续履行。但是，农民专业合作社章程另有规定的，或者退社成员与本社另有约定的除外。

4. 成员的除名

农民合作社成员有下列情形之一的，经合作社成员大会或者理事会讨论通过应予以除名：不履行成员义务，经教育无效的；给本社名誉或者利益带来严重损害的；成员共同议决的其他情形。

合作社对被除名成员，退还记载在该成员账户内的出资额和公积金份额，结清其应承担的债务，返还其相应的盈余所得。因给本社名誉或者利益带来严重损害被除名的，须对本社做出相应赔偿。

阅读小资料

如何吸引农民安心入社

合作社要发展壮大，首先要解决如何吸引农民入社的问题。合作社不获利不能发展壮大。合作社的获利主要来自于农业投入品购销和农产品购销。农业投入品和农产品的购销需要广大农民入社。只要解决农民所需，农民就入社，合作社就能发展壮大。农民的需求主要有三个方面：

首先要省钱：通过合作社与企业对接实现。化肥农药等农业投入品，经过厂家广告宣传、业务员提成和经销商扒皮，100 元的农业投入品到农户手里可能 150 元不止。农民有了合作社，就可到厂家定做产品。一来无假货，二是价格低。

其次要增效：通过合作社与市场对接实现。农户的农产品不适应市场，或者适应市场但不是直接卖给了客商，而是卖给了二道贩子，他们就压秤压价。农民有了合作社，不但知道种植什么能赚钱，而且知道怎样卖，一是出手快，二是价格高。

最后要为农民解难题。如要广大农民入社，最好的措施是为农民解决技术难题，这一点是吸引农民入社的最好切入点，也是把农民留住的最具吸引力的措施。

（资料来源：http://paper.dzwww.com/ncdz/content/20111126/Articel18001MT.htm）

（二）资料准备

（1）利用现有的图书馆或资料室报纸杂志，查找有关农民合作社带动农民致富的信息资料；

（2）利用现有的电脑、网站、WiFi 等网络环境条件，查找有关农民合作社成员资格、入社条件、成员变更、成员退出等方面的政策、制度等信息资料；

(3)调查当地农民合作社成员入社条件、成员权利和义务、退社管理规定；

(4)通过网络，查找农民合作社成员管理制度等案例；

(5)教师准备的资料单：关于农民合作成员入社资格、条件、程序、成员变更、退社、除名等的相关政策、制度文章。

如何设计和实施学习任务？

二、项目设计与实施

【项目设计】(图 6-4)

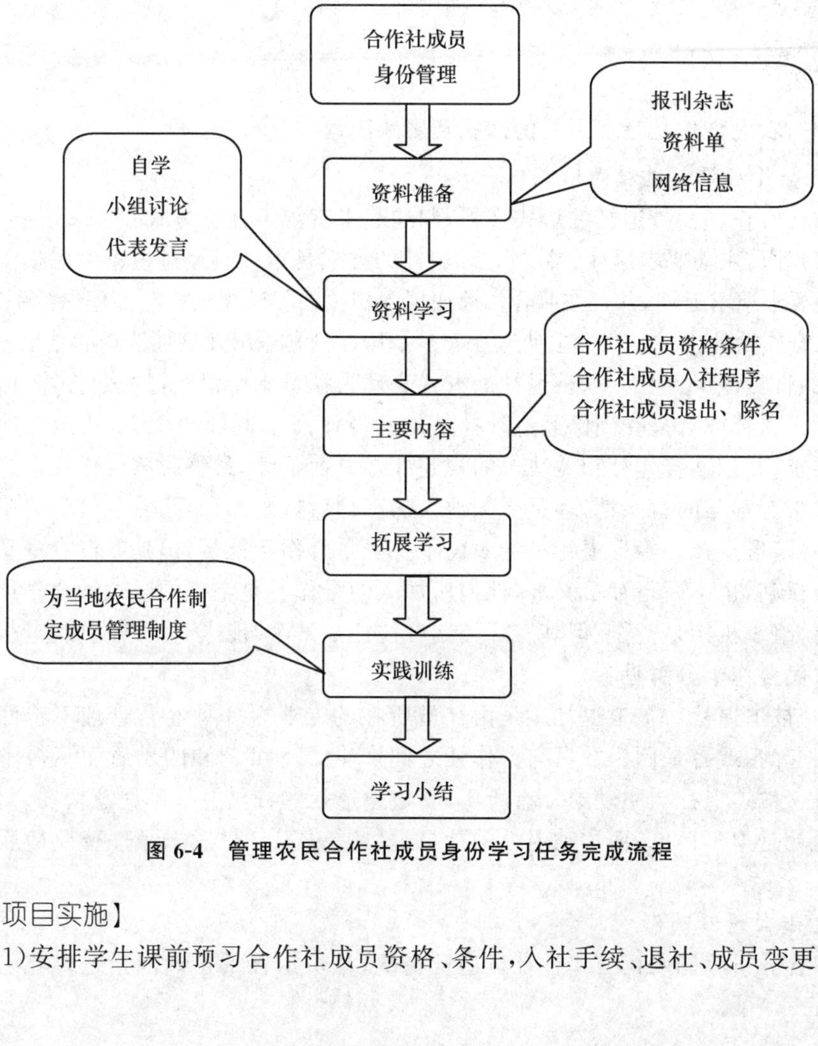

图 6-4　管理农民合作社成员身份学习任务完成流程

【项目实施】

(1)安排学生课前预习合作社成员资格、条件，入社手续、退社、成员变更、除名等政策规定。

(2)在教师的指导下,通过多种信息渠道查询资料。关键词:合作社成员入社、退社、成员变更、成员除名等,汇总查找的相关资料。

(3)小组讨论,用集体的智慧完成一份较好的学习收获体会。

(4)每组选一个代表,在全班讲解小组的学习路径、学习收获,组员补充收获的内容。

(5)教师组织学生分组调查当地农民合作社成员管理制度建立情况,为当地农民合作社制定一份完善的成员管理制度。

(6)教师组织发动全班同学讨论、评价各小组的学习情况,达到全班同学共享学习资源和收获体会,巩固所学的知识内容。

三、学习拓展

(一)农民合作社社员退社的形式及影响因素

1. 合作社社员退社的形式

农民合作社社员退社的形式多样,归纳起来有如下几种方式:

(1)社员主动要求退社。社员主动退社的方式是指社员经过慎重考虑权衡后主动提出要求请求退社,并且按照合作社法规中相关的程序规定主动办理退社手续,以此退出合作社的方式。社员主动退社大多是从自身利益出发理性选择的结果。

(2)盲目跟风退社。这种退社的方式表现为社员本身没有退社的打算,但是看到其他人退社或者是受到已经退社社员的劝说而产生退社的念头,从而主动提出退社要求,并依据合作社相关法规的规定办理退社手续,最终脱离合作社。这种退社方式带有很强的盲从性,多是受到他人的影响后做出的选择。

(3)隐形退社。隐形退社是指农民本身虽是合作社社员,但是并没有享受合作社社员权利,也不履行社员义务,他们所加入的合作社是空壳的。这种合作社从形式上看,组织机构是健全,但其实际控制者往往是某个“能人”、“大户”或“老板”,真正的农民合作十分鲜见。

(4)被迫退社。被迫退社多是由社员所在的专业合作社经营管理不善面临解散而引起的,或者是因为社员与合作社之间产生了不可调和的矛盾而不得不退出合作社。被迫退社与主动退社有所不同,被迫退社的社员并非不愿意留在合作社,社员退社是迫不得已;而主动退社的社员退社是基于自身意志经理智权衡后主动退出。

2. 社员退社的影响因素

综合分析我国农民合作社社员退社情况,社员退社的影响因素主要有以下三个方面：

(1)农民自身因素。农民自身的年龄、受教育程度及对合作社的发展预期等不同,决定其是否退社和退社方式。年龄大的社员与年轻社员相比对合作社的依赖程度更强;受教育程度较高的社员退社以主动退社为主,受教育程度较低的社员往往会盲目退社、跟风退社;成员加入合作社以后所得的实际收益没有预想的那么多,或者社员经过比较后认为加入合作社所得的收益比不上从事其他行业的收入,就会有一部分社员主动选择退社另作其他打算。

(2)合作社内部影响因素。合作社的内部利益分配方式以及重大决策的形成机制是影响社员退出与否的重要因素。合作社内部结构完善,决策的做出能够充分尊重社员的权利,利益的分配能够平均合理,社员退出合作社的概率就会小。反之,社员退出合作社的几率就会增加。此外,合作社管理人员的素质也是影响合作社社员退出与否的关键。合作社管理人员能够公平对待合作社成员,平均分配盈余,这样既可以减少农民主动退社的几率同时也可以防止农民盲目退社风潮的形成。

(3)外部环境因素。外部环境中地区经济发展水平、外部市场收入水平与政府政策导向等方面都会对合作社成员是否退社产生较大影响。

经济发达地区交通便利、基础设施配套完备、合作社管理人员受教育水平较高,农民合作社的发展速度较快。在这种情况下农民一般不愿主动离开合作社,除非自身利益与合作社利益不可调和而被迫退社。经济欠发达地区农民合作社发展速度较慢,农民加入合作社后所获得的收益与其预期收益差距大,这时社员在比较其他行业收入后,就可能采取主动退出的方式离开合作社。

当外部市场收入水平高于合作社收入水平时,农民社员退社的概率增大。当外部市场收入水平低于合作社收入水平时,社员此时乐于留在合作社中,退社的现象减少。

政府政策导向对于合作社社员退社行为的影响具有间接性。一方面,政府政策支持能够促进合作社发展,使农民在合作社中所获得的收益增加,在这种情形下农民主动退社的情形减少。另一方面,一些合作社为了获得政府政策支持,想尽办法扩大合作社规模,增加合作社人数,这些“被加入合作社”的社员既不享有社员权利也不履行社员义务,政府政策的导向间接导致社员隐形退社数量的增加,对有关部门对合作社的监管提出了挑战。

(二)农民合作社成员数量规定

1. 农民合作社成员数量规定

农民专业合作社应当有 5 名以上的成员,其中农民至少应当占成员总数的

80%。成员总数20人以下的，可以有1个企业、事业单位或者社会团体成员；成员总数超过20人的，企业、事业单位和社会团体成员不得超过成员总数的5%。

2. 农民合作社联社成员数量规定

农民专业合作社联合社成员应为农民专业合作社，且成员数应在3个以上。设立农民专业合作社联合社应有符合《农民专业合作社法》《农民专业合作社登记管理条例》规定的章程、组织机构、成员出资、业务范围。农民专业合作社联合社可以与其成员使用同一住所。

任务2 认知农民合作社成员权利和义务

一、学习准备

农民合作社成员有哪些权利和义务？

(一)知识准备

1. 合作社成员的权利

根据《农民专业合作社法》第十六条的规定，农民专业合作社的成员享有以下权利。

(1)参加成员大会，并享有表决权、选举权和被选举权，按照章程规定对本社实行民主管理。

参加成员大会。这是成员的一项基本权利。成员大会是农民专业合作社的权力机构，由全体成员组成。农民专业合作社的每个成员都有权参加成员大会，决定合作社的重大问题，任何人不得限制或剥夺。

行使表决权，实行民主管理。农民专业合作社是全体成员的合作社，成员大会是成员行使权利的机构。作为成员，有权通过出席成员大会并行使表决权，参加对农民专业合作社重大事项的决议(图6-5)。

享有选举权和被选举权。所有成员都有权选举理事长、理事、执行监事或者监事会成员，也都有资格被选举为理事长、理事、执行监事或者监事会成员，但是法律另有规定的除外。在设有成员代表大会的合作社中，成员还有权选举成员代表，并享有成为成员代表的被选举权。

(2)利用本社提供的服务和生产经营设施。农民专业合作社以服务成员为宗旨，谋求全体成员的共同利益。作为农民专业合作社的成员，有权利用本社提供的

图 6-5 社员参加成员大会行使表决权

服务和本社置备的生产经营设施。

(3)按照章程规定或者成员大会决议分享盈余。农民专业合作社获得的盈余依赖于成员产品的集合和成员对合作社的利用,本质上属于全体成员。可以说,成员的参与热情和参与效果直接决定了合作社的效益情况。因此,法律保护成员参与盈余分配的权利,成员有权按照章程规定或成员大会决议分享盈余(图6-6)。

图 6-6 社员参与分红

(4)查阅本社的章程、成员名册、成员大会或者成员代表大会记录、理事会会议决议、监事会会议决议、财务会计报告和会计账簿。成员是农民专业合作社的所有者,对农民专业合作社事务享有知情权,有权查阅相关资料,特别是了解农民专业合作社经营状况和财务状况,以便监督农民专业合作社的运营。

(5)章程规定的其他权利。上述规定是《农民专业合作社法》规定成员享有的权利,除此之外,合作社章程在同《农民专业合作社法》不抵触的情况下,还可以结合本社的实际情况规定成员享有的其他权利。

2. 合作社成员的义务

农民合作社在从事生产经营活动时,为了实现全体成员的共同利益,需要对外承担一定义务,这些义务需要全体成员共同承担,以保证农民专业合作社及时履行义务和顺利实现成员的利益。根据《农民专业合作社法》第十八条的规定,农民专业合作社的成员应当履行以下义务:

(1)执行成员大会、成员代表大会和理事会的决议。成员大会和成员代表大会的决议,体现了全体成员的共同意志,成员应当严格遵守并执行。

(2)按照章程规定向本社出资。明确成员的出资通常具有两个方面的意义:一是以成员出资作为组织从事经营活动的主要资金来源。二是明确组织对外承担债务责任的信用担保基础。由于我国各地经济发展的不平衡,以及农民专业合作社的业务特点和现阶段出资成员与非出资成员并存的实际情况,一律要求农民加入专业合作社时必须出资或者必须出法定数额的资金,不符合目前发展的现实。因此,成员加入合作社时是否出资以及出资方式、出资额、出资期限,都需要由农民专业合作社通过章程自己决定。

(3)按照章程规定与本社进行交易。农民加入合作社是要解决在独立的生产经营中个人无力解决、解决不好或个人解决不合算的问题,是要利用和使用合作社所提供的服务。成员按照章程规定与本社进行交易既是成立合作社的目的,也是成员的一项义务。成员与合作社的交易,可能是交售农产品,也可能是购买生产资料,还可能是有偿利用合作社提供的技术、信息、运输等服务。成员与合作社的交易情况,按照《农民专业合作社法》第三十六条的规定,应当记载在该成员的账户中。

(4)按照章程规定承担亏损。由于市场风险和自然风险的存在,农民专业合作社的生产经营可能会出现波动,有的年度有盈余,有的年度可能会出现亏损。合作社有盈余时分享盈余是成员的法定权利,合作社亏损时承担亏损也是成员的法定义务。

(6)章程规定的其他义务。成员除应当履行上述法定义务外,还应当履行章程结合本社实际情况规定的其他义务。

(二)资料准备

(1)利用现有的图书馆或资料室以及报纸杂志,查找有关农民合作社权利、义务内容的信息资料;

(2)利用现有的电脑、网站、WiFi 等网络环境条件,查找有关农民合作社成员履行权利、义务的案例资料;

(3)深入当地农民合作社,收集当地农民合作社章程中有关成员权利、义务的规定;

(4)教师准备的资料单:关于农民合作社成员权利和义务的相关文章。

如何设计和实施学习任务?

二、项目设计与实施

【项目设计】(图 6-7)

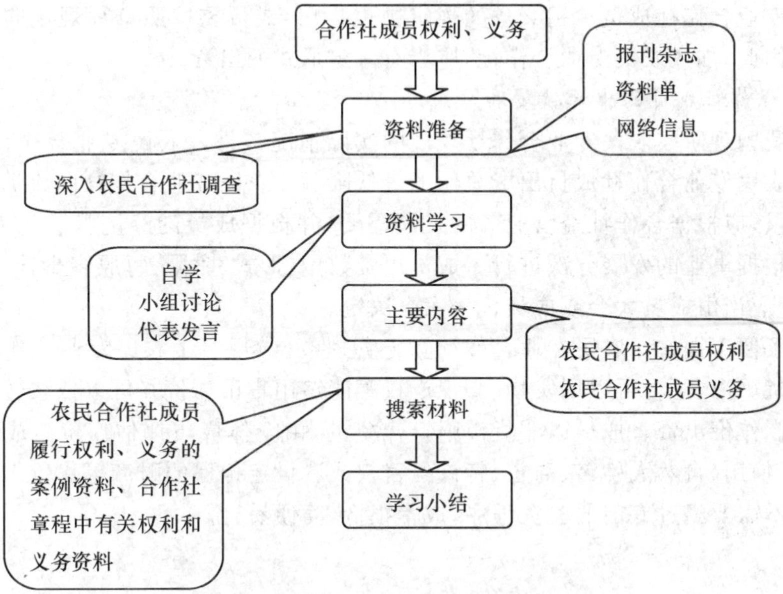

图 6-7　认知农民合作社成员权利和义务

【项目实施】

(1)安排学生课前预习农民合作社成员应有的权利、应承担的义务内容。

(2)在教师的指导下,通过多种信息渠道查询资料。关键词有:农民合作社、成员权利、成员义务,汇总查找的相关资料。

(3)在教师指导下,学生分小组深入当地农民合作社中,调查农民合作社章程所规定的合作社成员权利和义务内容,每人写一份学习收获。

(4)小组讨论,用集体的智慧完成一份较好的学习收获体会。

(5)每组选一个代表,在全班讲解小组的学习路径、学习收获,组员补充收获的内容。

(6)教师组织发动全班同学讨论、评价各小组的学习情况,达到全班同学共享学习资源和收获体会,巩固所学的知识内容。

三、学习拓展

1. 合作社成员的出资制度

农民合作社成立初期,其财产主要来源是成员出资,合作社从事经营活动的主要资金来源是成员出资。《农民专业合作社法》规定:农民专业合作社成员以其账户内记载的出资额和公积金份额为限对农民专业合作社承担责任。成员出资也是农民专业合作社参与民事活动、为自己取得民事权利、设立民事义务的前提条件。在农民专业合作社成员承担义务的规定中也指出:成员要按照章程规定向合作社出资。因此,加入农民专业合作社,应当有一定形式的出资。

2. 合作社成员的出资数量和方式

从我国现阶段农民专业合作社发展的实际情况考虑,《农民专业合作社法》没有规定农民专业合作社成员出资总额的最低限额。农民专业合作社向成员募集资金的总量,应根据合作社经营业务的发展需要,并根据成员的经济状况量力而行,也可以根据事业的发展分次进行。成员出资数量、形式、时限、每股多少钱、盈余分配等,都应当由成员大会或成员代表大会决定。

为了便于操作,《农民专业合作社登记管理条例》规定了农民专业合作社成员可以用货币出资,也可以用实物、知识产权等能够用货币估价并可以依法转让的非货币财产作价出资。成员以非货币财产出资的,由全体成员评估作价。成员不得以劳务、信用、自然人姓名、商誉、特许经营权或者设定担保的财产等作价出资。成员出资不需要经过专门的验资程序,成本很低,简便易行。

任务3 开展农民合作社成员教育培训

一、学习准备

如何开展农民合作社成员的教育培训工作?

(一)知识准备

【阅读小案例】

一位理事长的柑橘梦

金武是湖北省长阳土家族自治县磨市柑橘专业合作社理事长,今年作为新型职业农民参加了省里培训。2014年12月20日至2015年1月3日,支持县农广校举办了新型职业农民培育工程中的柑橘生产经营培训班,真正实现了教学、实习、观摩三结合。培训中他现身说法,讲述了自己几十年如一日,在柑橘生产中的奋斗历程。金武初中毕业就开始种植柑橘,通过实践摸索经验,他第一个在柳家院开起了庄稼医院，还请磨市农技中心农艺师李建军、覃德权为顾问和庄稼医生，几年来，只有他的门市兴隆；他还第一个建立了柑橘打蜡厂和罐头初加工基地，丰收季节也是他最忙的时间，老百姓很支持他这种做法，因为在他这里既可以打工，又销售了自己柑橘；同时，他第一个成立了柑橘专业合作社，现在覆盖全镇，成功成为国家级农民专业合作社。正是这样长阳农广校才和他联合，建立新型职业农民培训实习基地。

为了搞好培训，金武和他的合作社做了大量工作。首先是遴选学员，这就要做好几个工作，首先向农民介绍新型职业农民培训的意义和目的，同时要将符合条件的农民进行排查，并把最有意愿的农民列为学员的候选人员。这样全镇有 340 名符合条件，再从中选择了 64 名农民参加学习；其次是腾出库房作为教室和餐厅，将打蜡厂和罐头加工基地作为实习基地，并选择姚家坡等三个地方为观摩基地和田间教学场所；最后开班时他自己出钱购买一头猪，请来三个炊事员。生活过得有声有色，学员们对他赞不绝口，他却说，这是我们磨市的大好事，今天培训为明天。

在未来五年中，金武理事长有了自己的梦，一是将 340 名柑橘大户发展成自己专业合作社的骨干成员，通过土地流转形式将柑橘 1 万亩作为自己基地，做到统一管理，统一技术，统一采摘，统一加工，统一销售；二是将 340 名柑橘大户都进行一次新型职业农民培训，通过培训和后期的跟踪服务，使 80％的大户成为新型职业农民；三是将已经认证为新型职业的农民作为合作社的管理力量，进行明确分工，使柑橘产业生产加工销售一条龙更加顺畅；四是扩大销售市场，增加销售途径，让磨市的柑橘走向全国，挤出国门，树立自己的品牌。

（资料来源：http://www.ganjuwang.com/5828.html）

合作社成员的教育培训是农民合作社健康、可持续的发展的重要方面（图 6-8）。开展合作社成员的教育培训工作的主要流程如图 6-9 所示。

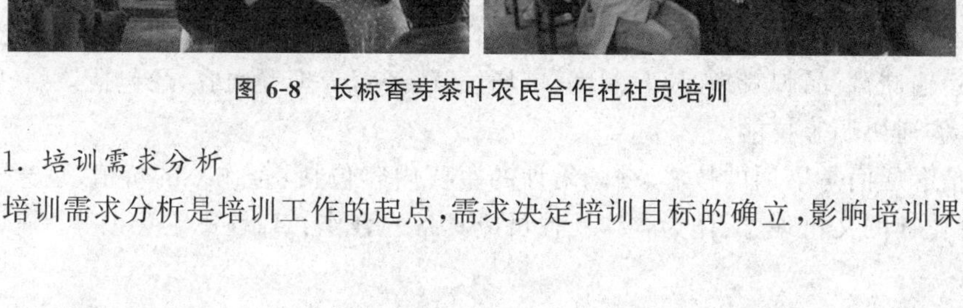

图 6-8 长标香芽茶叶农民合作社社员培训

1. 培训需求分析

培训需求分析是培训工作的起点，需求决定培训目标的确立，影响培训课程的设计，对培训的效果起着至关重要的作用。在进行需求分析时，培训主体应与培训客体和培训对象进行充分的信息交流与沟通，根据合作社的需要、培训对象的类型、文化层次等进行分类确定，根据具体的需求有针对性的培训，满足个体自身发展和合作社发展的需要，避免千篇一律式的培训。

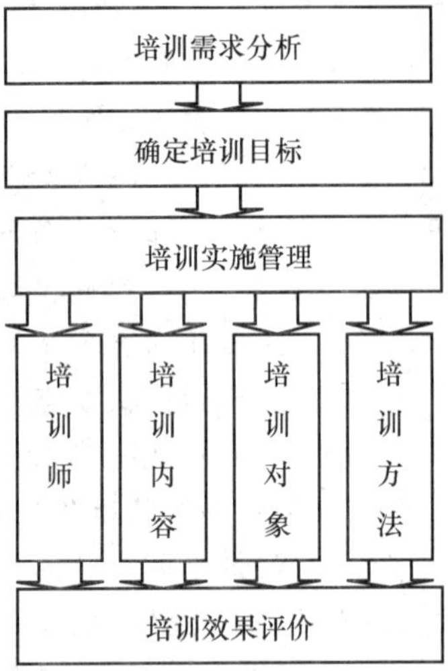

图 6-9 农民合作社成员培训的主要流程

2. 确定培训目标

在培训实践中，培训对象不同，培训的目标是不一样的。对于普通合作社社员，培训的目标是“生产知识教育”，即通过讲座、讨论、学习有关的农业生产基本知识，以提高全体社员的生产能力和减少在农业生产中出现的错误，从而更好地把农业生产中的先进成果运用到具体的实际中，并用正确的手段解决具体的问题；对于管理人员则是通过专业知识的讲授，提高其管理能力。根据目前农民合作社的现实，培训目标可分为：知识目标、能力目标、信念目标。其中，知识目标为基础层次，能力目标是中间层次，而信念目标是最高层次。

3. 培训实施管理

培训实施管理是完成培训目标和计划的过程。这个阶段工作主要是确定培训讲师、筛选培训内容、明确培训对象和选择培训方法。

(1)确定培训讲师。合作社的培训讲师应由专业合作社研究方面的专家教授、优秀合作社带头人、农业种养殖技术方面的专业人才及农业科技人员等成员组成。

(2)筛选培训内容。合作社培训内容应根据培训目标来决定，围绕知识、能力和信念进行设计，其中，知识和能力培训是重点，信念培训是核心。

农民合作社知识培训的主要包括：合作社的基本概念及理论、农民专业合作社法、合作社章程、合作社登记管理条例、合作社的组建方法、合作社的各种制度如财务制度、入股及分红制度等，还包括农业技术技术知识的培训，如种植技术、除害技术、嫁接技术和机械化操作技术、先进种养殖技术等。

农民合作社的能力培训主要包括：合作社财务会计制度、农产品质量安全、农产品运输储藏、品牌管理、税收制度、市场经济、经营管理等内容，还包括谈判、营销策略、沟通协调等技能。

信念层面是培训的核心，信念培训的主要内容包括：合作社的价值、理念及原则、合作社的文化理念、作为合作社社员应具备的合作、奉献、民主意识等。

(3)明确培训对象。根据我国农民合作社发展的实际,合作社的培训对象包括以下人员:合作社工作人员,如合作社工作者、合作社推广员、合作社辅导员等;合作社管理人员,如合作社理事长、监事长、经营管理层人员;合作社社员;从事合作社管理的各级政府干部、合作社服务机构人员、合作社教育机构的人员等。在实际操作中,培训对象不同,培训内容也不同,需要设计针对性的培训方案。

(4)选择培训方法。农民合作社的培训应根据不同的培训对象、内容采取灵活多样的培训方法。农民合作社培训的方法主要有:课程讲授、技术讲座、经验讨论、实地操作、远程教育、实地考察、案例研讨、角色扮演和田头学校等(图 6-10)。

图 6-10 深入田间培训合作社成员

4. 培训效果评估

培训效果评估是检验培训需求分析是否准确、培训目标制定是否恰当、培训内容和方法是否适合、培训实施是否严格的参考标准,是以后培训改进的参考依据,是对此次培训工作的总结和对以后培训工作顺利开展的前提基础,在培训体系中起着十分重要的作用。培训效果评估一般从反映、知识、行为和结果四个层面进行展开,培训效果评估的内容与方法见表 6-2。

表 6-2 培训效果评估内容与方法

评估层面	评估内容	评估方法	评估时间
反应	受训者对培训的满意度、受训者对培训的建议	问卷、面谈、学员参与配合情况	培训结束时
知识	受训者的知识、技能、态度、习惯等方面有多大程度的提高和改善?	笔试测验、现场演示、讨论、角色扮演	培训结束时 培训结束后半个月
行为	受训者是否应用培训所学于工作?受训者的行为有何改进?	观察法、带头人自我评价及合作社会员评价	培训结束 3 个月后

续表 6-2

评估层面	评估内容	评估方法	评估时间
结果	个人及组织的工作质量、绩效是否有所提高，是否达到了预期的培训目标。	绩效考核	培训结束后的半年或一年后

(二)资料准备

(1)利用现有的电脑、网站、WiFi 等网络环境条件，查找有关合作社成员培训内容、组织实施环节等方面的信息资料；

(2)通过网络，查找农民合作社开展成员培训的案例资料；

(3)教师准备的资料单：关于农民合作社成员培训、培训组织实施过程的相关文章。

如何设计和实施学习任务？

二、项目设计与实施

【项目设计】(图 6-11)

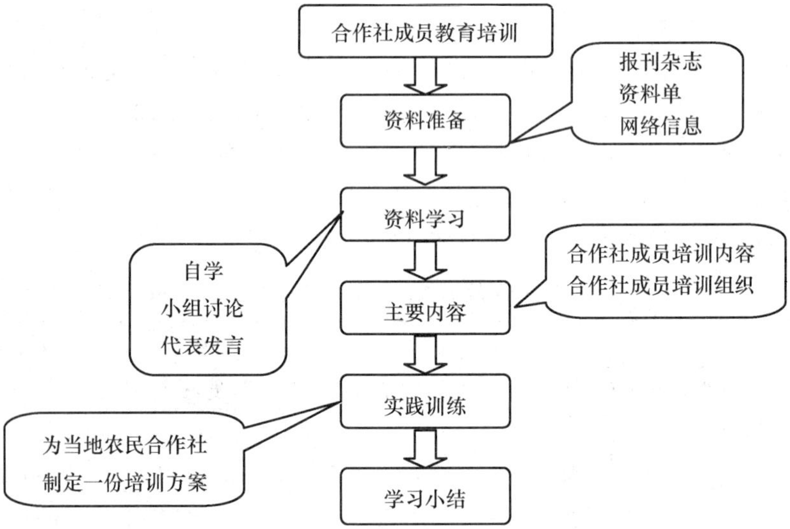

图 6-11 开展农民合作社成员教育培训学习任务完成流程

【项目实施】

(1)安排学生课前预习合作社成员培训的意义、培训组织实施涉及的环节。

(2)在教师的指导下,通过多种信息渠道查询资料。关键词:合作社、成员培训、内容、培训组织等,汇总查找的相关资料。

(3)教师指导学生到当地农民合作社调研,了解合作社成员培训情况,每人写一份学习收获。

(4)小组讨论,用集体的智慧完成一份较好的学习收获体会;每组选一个代表,在全班讲解小组的学习路径、学习收获,组员补充收获的内容。

(5)分小组为当地农民合作社完成一份培训方案。

(6)教师组织发动全班同学讨论、评价各小组的学习情况、方案制定情况,达到全班同学共享学习资源和收获体会,巩固所学的知识内容。

三、学习拓展

(一)农民合作社培训模式

1. 典型示范模式

这种模式是指通过兴办农业科技示范园和示范基地,树立农业科技发展的典型,形成农业科技培训基地,引导合作社成员自觉自愿地进行科技学习的一种培训形式。科技示范园里新品种、新技术等一目了然,实例鲜活、学习直观,可以直接说给成员听、做给成员看、带着成员干,成员易于接受。

2. 现场传导模式

指在农村田间地头对成员进行讲解、示范、操作和解答等活动的培训形式。直接面对农民合作社成员,指导人员与成员零距离交流。这样对于文化程度偏低的成员最为适宜。直接在现场开展培训,着重解决当前实践生产和工作中的问题与推广运用新技术,针对性与操作性强。

3. 媒体传播模式

指通过传统的电子媒体,大喇叭广播、电视、音像材料和印刷媒体、明白纸、科技小报等技术手段对合作社成员进行现代农业科学技术知识培训的一种形式。

4. 项目推动模式

指以高科技农业科技项目为载体,以服务于合作社成员致富、提高合作社成员素质和产业经营能力、实现科技成果转化为目的,采用现场指导、课堂教学、广播电视、参观考察等多样化的培训途径和方法进行项目培训,并提供产、供、销配套综合服务的培训样式。

5. 田间学校模式

科技人员直接到户,良种良法直接到田,技术要领直接到人,便于促进科技成果的快速转化。这一新型培训模式,使合作社成员和专家辅导员形成了良性互动,使新技术、老经验能够得到有效结合和统一。

(二)做好农民合作社培训的关键点

1. 认真开展宣传,让合作社成员积极参与培训

一是通过各类媒体如广播、电视、网络、报刊等进行广泛宣传,让合作社成员了解、清楚合作社培训的意义、内容等,鼓励农民积极参与培训。二是直接与农民对话,解决农民的实际问题,增强他们的信心。三是宣传典型示范合作社的经验,发挥他们的带头作用。

2. 明确培训的重点内容

要制定规范的培训教学计划与规范的培训方案,同时要根据实际需要组织编写知识性、实用性、科学性较强的自学和辅导教材。同时要以培训农民合作社的各种法规、政策及相关的业务知识为主,结合合作社的特点,让农民学有所得、学有所用。

3. 注重实效,采取灵活多样的教学方法,让理论与实践更好地结合在一起,提高教学效果

如利用多媒体、幻灯片、案例分析等教学手段和教具,根据学员所在区域,分期分班进行培训。

4. 培训方式要多样化

可以通过课堂讲解、理论研讨、实践考察、典型经验介绍、观看影像资料等进行教学,也可以定期去合作社进行实地指导与培训,拓宽大家的创业思路,增强大家的创业干劲与信心。

四、评价反馈

评价反馈过程和内容见附件。

项目七　管理农民合作社雇员

【项目目标】

完成本项目学习后，你应该能

1. 开展农民合作社雇员招聘和录用工作
2. 开展制定农民合作社雇员考核工作
2. 设计合作社雇员激励方式
3. 选择和确立合作社雇员薪酬体系和薪酬模式
4. 开展雇员社会保险缴纳工作

【引导案例】

发挥人力资源作用，一年打响知名度

昌乐县红河镇理稼庄子村原野蔬菜种植合作社在2013年初注册了"乐嫁园"蔬菜商标。短短一年时间，就在山东、东北三省、广州、湖南以及福建等地区打响了知名度。

打响品牌的第一步是生产质量过硬的农产品。为提高农产品质量，合作社建立"四统一"的标准要求，即进行统一规范管理和经营；统一农业投入品供应；统一生产质量标准；统一品牌销售，以保证蔬菜从种植到进入市场的规范性。在保证质量的前提下，宣传是至关重要的一环。合作社通过各大媒体，加大对"乐嫁园蔬菜"的宣传。

上述成效的取得得益于合作社行之有效的人力资源管理。在2012年6月合作社成立之初，就聘请了5名管理人员，3名专业技术人员，长期吸纳本村及周围村庄120余名村民在合作社打工，其中在合作社打工的村民工资由“1 800元基本工资和产量提成工资”两部分组成，大棚蔬菜统一栽植完毕后，采取“定人定棚”的方式，每个大棚指定专门的人员进行管理，对产量超出既定标准的大棚的工作人员发放产量提成，极大地调动了工作人员的积极性。合作社孙国维粗略算了一笔账，一个大棚一年的毛收入在9万多元，除去工人工资以及每年蔬菜苗、肥料、换大棚膜等费用，纯利润为5万元左右。在管理上，合作社制定了一套系统的管理细则。2014年底，为了进一步提升经营水平，合作社成立了田润经贸发展公司，由公司负责生产资料采购、工人管理和包装销售，合作社负责生产组织和质量检测，进一步降低了生产成本，保证了产品质量。每年到了蔬菜收获的季节，来自省内外的收购商便聚集于此，蔬菜供不应求。除此之外，合作社还设立了检测室，对种植的蔬菜进行抽样检查，确保没有农药残留才能投入市场。

目前合作社已流转土地500余亩，已建成121个高温大棚。接下来合作社一方面将建设一部分面包棚，继续发展蔬菜种植；另一方面，合作社正精心打造“科普、采摘、绿色、放心”为主题的休闲采摘园。

（资料来源：http://blog. sina. com. cn/s/blog62c56d7f0102vahy. html）

案例点评：随着农民合作社的组织化程度越来越高，管理水准不断升级，现有农村人才已经无法满足合作社发展需要。如何通过有效的人力资源管理，吸引和调动专业技术人员和劳动者的积极性，是解决农民合作社发展瓶颈的关键所在。昌乐县红河镇理稼庄子村原野蔬菜种植合作社能在一年时间内，在山东、东北三省、广州、湖南以及福建等地区打响“乐嫁园”蔬菜商标知名度，得益于合作社科学的绩效考核和激励机制，调动了专业技术人员、管理人员及劳动者的积极性发挥。

任务1 聘用农民合作社雇员

一、学习准备

如何聘用农民合作社雇员？

(一)知识准备

目前，农民合作社领头人多是村里负责人或一些种养大户，很少有专业的从事管理或者市场营销方面的人才。另外，合作社成员文化程度普遍较低，并不适合参与到市场化运营当中，人才匮乏是农民专业合作社亟待解决的问题。为解决上述问题，一些农民合作社根据自身生产经营服务的需要，开始“进城聘用雇员”（图 7-1）。农民合作社雇员的聘用一般经过招聘与录用两个环节。

图 7-1　农民合作社进城招聘专业人才

1．招聘合作社雇员

招聘农民合作社雇员一般经过如下步骤（图 7-2）。

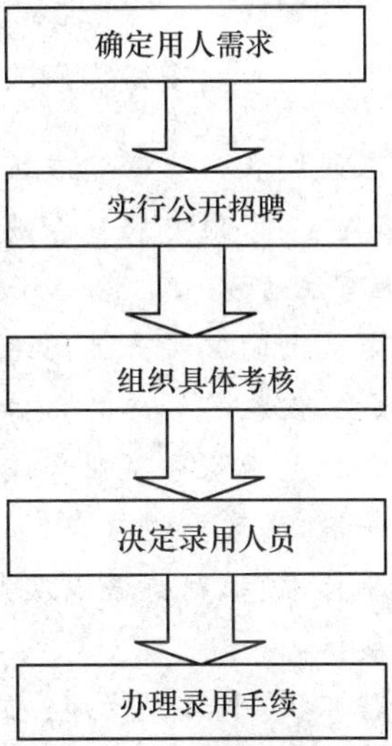

图 7-2　农民合作社招聘雇员主要流程

（1）确定用人需求。即通过专题研究，具体确定拟聘任安排在哪一类、哪一种岗位上工作的人员与数量，以及履行职责所需要的知识、技能和经验等各方面要求、条件。

（2）实行公开招聘。即采用多种形式，向社会公布招聘人员的综合性信息，热情做好应聘人员的接待事项，明确告知参加笔试、面试等考核的内容安排和具体地点、时间（图 7-3）。

（3）组织具体考核。即按照履行岗位职责的综合素质要求，由理事会或理事会指定的专人负责，组成专门班子，对应聘者进行笔试、面试和身体检查，并原则上将“两试”评分成绩位列前 3 名的人员纳入候选名单。

（4）决定录用人员。即召开理事会会议，听取对应聘者考核及外调情况的汇报，经过充分商议以后，最终从候选名单中确定具体录用人员。

（5）办理录用手续。即根据理事会的决定，公布录用人员名单，并依照有关法律、法规与其签订录用合同，具体明确规定双方的权利与义务。

图 7-3 公开招聘合作社员工

【阅读小案例】

安徽徽润农产品营销合作社联合社招聘信息

安徽徽润农产品营销农民专业合作社联合社是在省农委合作经济指导处指导下，由省内13家顶尖农业专业合作社发起成立的安徽首家省级农民专业合作社联合社，拥有注册资本3 000万元。安徽徽润联合社旗下电子商务事业部作为安徽首家也是最大的农特产品网络销售平台，从基地直供消费者，为广大消费带来真正绿色、原生、健康的好食品，同时也为农业产业化发展和农民增收做出重要贡献。

联合社电子商务事业部成立之初就将现代市场营销理念作为农业产业化发展的重要手段，高度重视符合现代市场竞争需要的高素质人才，也为员工提供高于同行的薪酬标准、福利待遇以及广阔的发展前景，我们真诚期待您的加盟，共商大计，共谋发展！

招聘职位：平面设计师（人数：1名；工作地点：安徽-合肥）

任职资格：

1. 一年以上工作经验，美术设计类专业毕业，熟悉运用制图软件（Coreldraw、Photoshop，AI等）。

2. 具有独到的设计理念，团队意识，服务识强。

3. 能独当一面，相关艺术专业毕业。

4. 良好的美术基础和审美能力。

5. 具备独立完成设计及印前工作，良好沟通能力，能承受较强的工作压力。

工作职责：

负责品牌店铺、网站的美术设计和创意工作，设计公司的各类产品包装、海报、终端宣传物品。

工资待遇:面议。

有意者请将个人简历、学历证明复印件及其他证明工作能力的资料传至安徽徽润农产品营销农民专业合作社联合社人力资源部。

总部地址:　　　　电话:

传　　真:　　　　E-mail:

201　年　月　日

(资料来源:http://www.wealink.com/zhiwei/view/10757392/)

2. 录用合作社雇员

录用合作社雇员的步骤一般如下(图7-4):

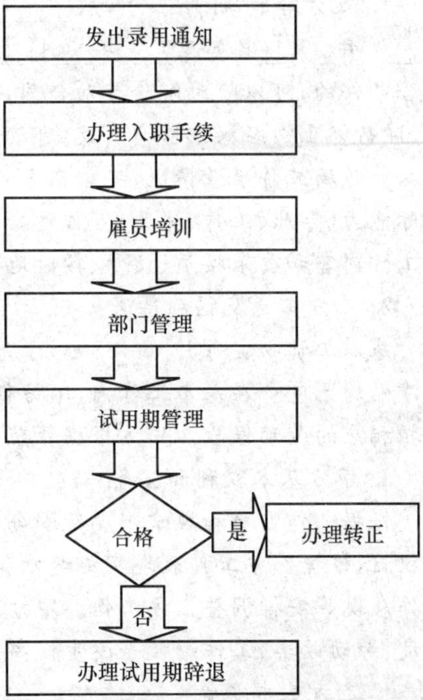

图 7-4　农民合作社录用雇员主要环节

(1)发出录用通知。确定具体录用人员名单后,由合作社人力资源部门向拟录用人员发出拟录用通知。

(2)办理入职手续。入职手续一般包括:新雇员填写《员工档案表》,交验各种证件;建立雇员档案;通知部门负责人接领新雇员。

(3)雇员培训。新员工办完入职手续后,要对新员工开展入职培训环。培训内容包括:介绍合作社情况介绍、合作社规章制度介绍、合作社福利待遇等。

(4)部门管理。经过入职培训后的新员工由合作社各用人部门负责安排岗位,熟悉工作环境,了解和掌握操作规程等;如有新员工不适合在本合作社工作,要及时通知合作社人力资源部门办理手续。

(5)试用期管理。农民合作社要与新入职员工签订聘用合同;部门负责人负责新入职员工试用期间各项工作的考评。

(6)办理转正。新员工试用期结束前,合作社人力资源部门下发《员工试用期考核表》给新员工,新员工填写自评部分,交所在部门主管填写考评内容后,统一交合作社人力资源部门;人力资源部门根据部门批复意见办理相关手续。

(7)离职办理。合作社雇员离职时,原则上应提前30天提出辞职申请,并填写《辞职申请表》,写明辞职时间、事由等,填写《辞职交接单》,交给部门负责人;部门负责人批复意见，并安排离职交接工作；将《辞职申请表》和《辞职交接单》一起交到合作社人力资源部门存档，办理离职。

【阅读小案例】

洪洞县瑞华养殖专业合作社聘用技术人员合同

洪洞县瑞华养殖专业合作社（以下简称甲方）经考核决定雇用__________（以下简称乙方）为劳动工，经双方协商，订立合同如下：

1. 双方合同期为三年，从____年__月__日起至____年__月__日止。其中从____年__月__日起至____年__月__日为试用期。在试用期内，甲方认为乙方不符合条件的，可以随时解除劳动合同。乙方也可以随时解除本合同。劳动合同期满，即行终止。经双方协商一致，可续订劳动合同。续订期以续订合同为准。甲方根据养殖场工作经营情况，安排乙方的工作。甲方根据工作经营需要，以及乙方的实际能力（专业、工作、体力）可作适当调动，包括临时性工作。乙方根据甲方安排的工作内容和要求按质、按量、按时地完成任务。

2. 乙方工资及福利待遇

基本工资初定每月______元，于每月的____日领取，每年依工作表现调整，所有津贴均已包含在基本工资内，不另行支付。遵照社会保险条例要求，甲方为乙方承担相应的劳动保险。甲方根据养殖场的经营效益给乙方发放适当的奖金。

3. 甲方基本权利和义务

根据工作需要和规章制度及本合同条款规定，对乙方进行管理。保护乙方合法权益，根据乙方工作表现实施奖励和处罚。甲方有权根据业务需要、乙方能力和工作表现等安排调整乙方工作。甲方可视经济效益和乙方的技术水平、业务熟练程度、劳动效率、工作绩效等逐步提高乙方的劳动报酬。

4. 乙方基本职责

遵守国家政策、法律、法规以及甲方制定的规章制度和劳动纪律，服从甲方的管理和要求，不得擅离职守，完成甲方指派的工作任务和经济指标，保守甲方的业务、技术及有关文件的秘密。乙方不得从事与甲方业务范围相似的任何第二职业，按甲方的工作要求而加班和出差。

5. 有下列情况之一，甲方可以解除或终止合同：

(1)乙方患病或非因公负伤，医疗期满后不能从事原工作的；

(2)严重失职，营私舞弊，对甲方利益造成重大损害的；

(3)乙方违反劳动纪律，经教育或处分仍然无效的；

(4)被依法追究刑事责任的；

(5)劳动者不能胜任工作,经过培训或者调整工作岗位仍不能胜任工作的;

(6)甲方濒临破产进行法定整顿期间或者生产经营状况发生严重困难,确需裁减人员的。

6. 除按第五条第2、3、4项规定以及法律规定的解除雇用合同条件外,甲乙任何一方在解除雇用合同时,须提前一个月通知对方。任何一方违反雇用合同给对方造成经济损失的应根据其后果和责任大小,予以相应的经济赔偿。

7. 双方终止或解除雇用合同时,甲方可视具体情况考虑给予适当的经济补偿。

8. 乙方因违反纪律而被辞退或乙方符合第七条第4项规定,则甲方不给予任何经济补偿。乙方被开除、劳动教养或判刑,雇用合同自行解除,不再另行通知。

9. 乙方享有节假日、婚丧、请假等有关待遇。

10. 试用期满,双方如无异议且书面通知对方的,则合同自动生效。

11. 当执行本合同发生争议时,由甲乙双方协商解决。

12. 本合同自签字之日起生效。双方必须严格执行,未经双方同意,任何一方不得修改和变更。

本合同壹式贰份,甲乙双方各存壹份。

洪洞县瑞华养殖专业合作社(甲方)

受聘者(乙方)

年　月　日签订

(资料来源:http://www.doc88.com/p-336482944223.html)

(二)资料准备

(1)利用现有的图书馆或资料室以及报纸杂志,查找有关农民合作社招聘工作人员的信息资料;

(2)利用现有的电脑、网站、WiFi等网络环境条件,查找有关合作社工作人员招聘与录用实施环节等方面的信息资料;

(3)通过网络,查找农民合作社招聘与录用工作人员的案例资料;

(4)教师准备的资料单:关于农民合作社招聘与录用实施环节的相关文章。

如何设计和实施学习任务?

二、项目设计与实施

【项目设计】(图 7-5)

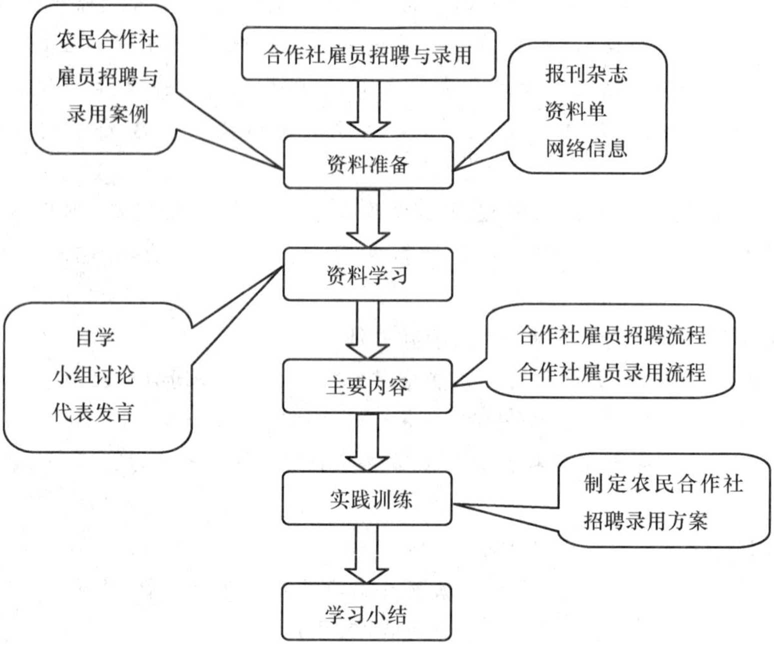

图 7-5 聘用农民合作社雇员学习任务完成流程

【项目实施】

(1)安排学生课前预习合作社雇员招聘、录用的主要环节。

(2)在教师的指导下,通过多种信息渠道查询资料。关键词有:合作社、招聘、录用、流程等,查找农民合作社招聘案例信息;汇总查找的相关资料。

(3)小组讨论,用集体的智慧完成一份较好的学习收获体会。

(4)每组选一个代表,在全班讲解小组的学习路径、学习收获,组员补充收获的内容。

(5)教师组织学生调查当地农民合作社是否聘用雇员?聘用的程序如何?总结其聘用中的经验和存在的问题,根据合作社情况完成一份合作社雇员招聘录用方案。

(6)教师组织发动全班同学讨论、评价各小组的学习情况,达到全班同学共享学习资源和收获体会,巩固所学的知识内容。

三、学习拓展

(一)合作社经营管理人员基本素质

农民合作社不同于一般意义上的经济组织,它的兴衰成败同广大社员的切身利益紧密相连。农民合作社经营管理人员除要具体负责本合作社生产经营活动外,还要积极搞好为本社社员提供日常性服务等工作。为了适应发展生产、开拓经营、提高效益和服务群众等现实需求,农民合作社经营管理人员应当具备如下的基本素质:

(1)比较熟悉当地农业、农村和农民群众的基本情况,热心参与和搞好服务“三农”工作;热爱基层,关心农民社员,能与他们打成一片。

(2)热爱合作社事业,愿意为合作社事业做出奉献。

(3)全面掌握与履行本岗位职责相适应的业务知识和工作技能,尤其是具有较强的沟通协调能力和组织管理能力,能够独立完成所受领的任务。

(4)注重知识的学习,有勤奋钻研文化、科技、管理和法律等知识的精神。

(5)言行文明,处事公允,乐于助人,不畏艰苦。

(6)遵守法纪,廉洁自律,经得住各种诱惑。

(二)合作社雇员招聘信息发布的原则、渠道

农民合作社一旦做出招聘雇员决策后就应该迅速发布招聘信息。发布招聘信息是一项十分重要的工作,亦直接关系到招聘的质量。

1. 发布招聘信息的原则

合作社发布招聘雇员信息,一般应遵循如下原则:

(1)面广原则。发布招聘信息的面越广,接收到该信息的人就越是多,应聘的人也越是多,这样可能招聘适合人选的概率就更大。

(2)及时原则。在条件许可的情况下,招聘信息应该尽量早地发布。这样有利于缩短招聘进程,也有利于使更多的人获取信息,增加应聘人数。

(3)层次原则。需要招聘的人员不都是处在社会同一层次的,要根据招聘岗位的特点,向特定层次的人员发送招聘信息。

2. 发布招聘信息的渠道

招聘信息发布的渠道有报纸、杂志、电视、电台、布告和新闻发布会和网络等。除以上主要渠道外,还有随意传播的发布形式。这是有关部门或有关人员用口头的、非正式的方式发布招聘信息。其主要特点是:费用最低,几乎不用什么费用,可以实行双向信息交流,传播速度较快。主要缺点是:覆盖面窄,一般在劳力市场明

显供大于求，而且招聘层次不是很高时可以选用这种渠道。

(三)合作社雇员招聘测试

在合作社雇员招聘过程中，招聘测试是重要的一环。招聘测试是指在招聘过程中运用各种科学方法和经验方法对应聘者加以客观鉴定的各种方法的总称。当应聘者多于招聘名额时，测试可以让最合适的人选脱颖而出，让适当的人担任适当的工作。也能使落选者了解不足之处，比较心平气和地接受落选的事实。

招聘测试的方法种类很多，比较合作社招聘测试的方法有以下几种：

(1)心理测试。心理测试是指通过一系列的心理学方法来测量被试者的智力水平和个性方面差异的一种科学方法。

(2)知识考试。知识考试是指主要通过纸笔测验的形式对被试者的知识广度、知识深度和知识结构进行了解的一种方法。

(3)情景模拟。情景模拟是指根据被试者能担任的职务编制一套与该职务实际情况相似的测试项目，将被试者安排在模拟的、逼真的工作环境，要求被试者处理可能遇见的各种问题，来测评其心理素质、潜在能力的一系列方法。

(4)面试。面试是指一类要求被试者用口头语言来回答主试者提问，以便了解被试者心理素质和潜在能力的测评方法。

(四)合作社雇员录用原则

(1)以岗定人与人岗相配相结合。以岗定人强调人员录用必须要依据岗位的特性，根据工作的具体需要来聘用人员。同时，也要考虑每个人的能力、素质等方面的差异来安排适当的岗位。

(2)平等竞争原则。对所有的应聘者，应当一视同仁；对面试合格的人品采取平等竞争的原则，择优录用。

(3)谨慎录用超过应聘条件的人。一般说来，如果一个人的知识、能力和素质水平明显高于他所从事的岗位要求，被录用后会要求与其相应的待遇，如果不能满足，则流动性很大。

(4)注重工作能力与人品的结合。在合格人选的基本条件差不多时，以往的工作经验和工作绩效应是最后决策的主要依据。但是，不能忽视人品的要求，如果一个人的能力很强，但人品有问题，有可能会给合作社带来难以估量的损失。

任务2　确定农民合作社雇员薪酬福利

一、学习准备

如何确定农民合作社雇员的薪酬福利？

（一）知识准备

薪酬是合作社员工因向所在的合作社提供劳务而获得的各种形式的酬劳。从广义上讲，薪酬包括工资、奖金、休假等外部回报，也包括参与决策、承担更大的责任等内部回报。外部薪酬包括直接薪酬和间接薪酬。直接薪酬是员工薪酬的主体组成部分，它包括员工的基本薪酬，即基本工资，如周薪、月薪、年薪等；也包括员工的激励薪酬，如绩效工资、红利和利润分成等。间接薪酬即福利，包括合作社向员工提供的各种保险、非工作日工资、额外的津贴和其他服务，比如单身公寓、免费工作餐等。

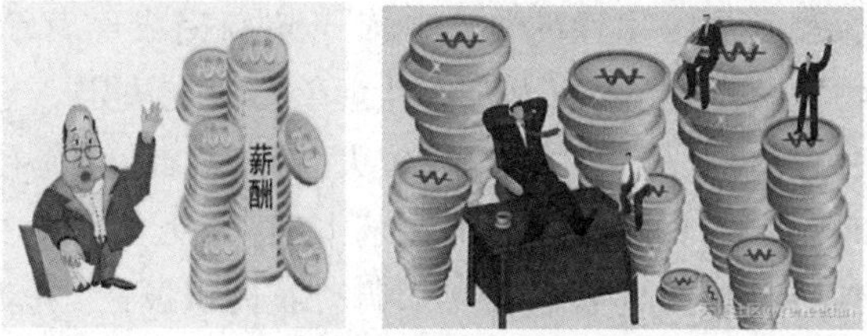

图7-6　如何设计薪酬制度

1. 合作社雇员的薪酬体系及模式

薪酬体系是指薪酬的构成，即一个人的工作报酬由哪几部分构成。一般而言，合作社雇员的薪酬由基本薪酬（即本薪）、奖金、岗位津贴、缴纳保险四部分构成（图7-7）。

■ 基本工资。即保证合作社员工基本生活开支需求的薪酬，并以略高于当地政府所规定的企业最低工资标准为宜。

■ 岗位津贴。即给予合作社员工在本岗位工作中享受到的补贴行薪酬，如电话费交通费等。岗位津贴原则上应该按各人所任职务的高低，统筹考虑分类、分档加以制定。

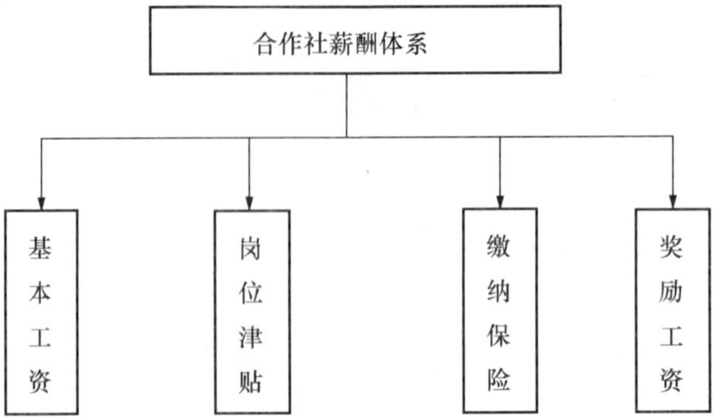

图 7-7 合作社雇员薪酬体系构成

▪ 缴纳保险。即农民合作社根据法律、发挥和录用合同明确的条款，由合作社负责为雇员缴纳基本养老金、基本医疗保险金、失业保险金和工伤保险金等社会保险费。

▪ 奖励工资。即农民合作社根据一定时期内雇员的工作成绩，以及其对本合作社发展所做出的贡献，给予的奖励性薪酬。具体可通过对年度、季度经营绩效的考核或履行岗位职责情况的考评，给予完成经营绩效目标任务或考评称职的经历、会计等专业技术人员，发放一次性的奖金。对于超额完成经营绩效目标任务或考评优秀者，在给予物质奖励，其数额由合作社理事会研究决定。

由于不同的农民合作社经济实力存在较大差异，因此，合作社雇员的薪酬体系必须因地制宜、因时制宜。总体上应该把握基本工资、社会保险占小头，岗位工资、奖励工资占大头的原则，从而建立起有利于调动雇员积极性、主动性、创造性，具有激励约束功能的薪酬体系。

薪酬模式是指薪酬的构成及其组合。农民合作社雇员薪酬方案设计由于组合的方式不同，便可形成如下薪酬模式：

▪ 高弹性模式。这种模式主要是根据员工的近期绩效决定其薪酬水平。如果某段时期员工的工作绩效很高，那么，所支付给他的薪酬也相应地较高；如果在某段时期内，由于员工的积极性降低，或是其他个人因素而影响了工作绩效，那么就支付较低的薪酬。这种模式具有较强的激励功能，但是，员工缺乏安全和寄托感。

▪ 高稳定性模式。在这种模式中，基本薪酬是主要组成部分，福利水平一般比较高，绩效薪酬处于非常次要的地位，所占的比例也非常低。这种模式有比较强的安全感，但缺乏激励功能，而且合作社人工成本增长较快，合作社负担较大。

■ 调和性模式(折中模式)。这种模式既有弹性,能够不断地激励员工提高绩效,也具稳定性,给员工一种安全感,使他们关注长远目标。这是一种比较理想的模式,但它需要根据合作社的生产经营目标和工作特点以及收益状况设计合理的薪酬构成。

【阅读小案例】

蒙德拉贡的合作社的薪酬支付

西班牙巴斯克地区蒙德拉贡合作社是全球最大的合作社,是由天主教神父何塞·玛丽亚·阿里斯门迪 (Don Jos′e Maria Arizmendi)1941 年创立。此后,一家又一家产业合作社陆续诞生;为融资需要和提高合作社的科技水平,合作社性质的劳动银行(Caja Laboral)与技术研究中心(Ikerlan)也应运而生。1991 年,为适应欧洲统一市场的竞争环境,这些合作社联合起来,组建了蒙德拉贡联合公司(Mondragon Corpoilacion Cooperativa,简称 MCC)。它的整个系统包括有 86 个产业合作社、44 个教育机构、7 个农业合作社、15 个建筑合作社、几个服务性合作社、一个消费者合作社网路以及劳动者银行。

在这里,员工不是单纯的雇员、领薪者。任何一位新员工都需在头 3 年里支付一万欧元(相当于当地创造一个就业机会所需成本的 10%),然后就成为合作社的所有者(合股人)。合作社还为每个社员设立"个人资本账户",社员交纳的初始入社资金和税后利润分红全部存入该账户,退休或离开合作社时可全部取回(如社员转到竞争企业工作,最多会被扣除账户金额的 20%)。

在工资支付方面,合作社首先请社会中介机构按照其规模、技术水平、效益情况确定职工的总体工资水平,使其与社会同类型企业基本相当;然后,按照 MCC 制定的 8 级工资表,每 6 个月作 1 次工资级别评定。与西班牙同行业企业比较,MCC 里一般工人的工资高于社会平均水平,中级技术人员的工资与社会相当,高级技术人员和高级管理人员的工资要比社会低很多,内部职工之间工资水平差距仅为 8∶1。

合作社内部特殊的尊重人、尊重劳动、注重公平和教育;坚持互助共济、平等参与、民主管理、团结合作、关心集体和社区,都极大地促进了当地社区的和谐。正如 MCC 的负责人所说,在这里,"劳动不是谋生手段而是乐趣"。

MCC 内部收入级差,以及它的"铁饭碗"制度,更使得蒙德拉贡成为西班牙贫富差距最小、失业率最低的地区之一。据称,当创始人阿里斯门迪神父 1991 年退休时,他的报酬只有集团收入最低工人的 6 倍。

（资料来源：http://gcontent.oeeee.com/chinaFortune/9/fc/9fc3d7152ba9336a/Article.html）

2. 合作社雇员的社会保险

社会保险是国家通过立法强制建立的社会保险基金，是对参加劳动关系的劳动者在丧失劳动能力或失业时给予必要的物质帮助的制度。社会保险主要有：基本养老、基本医疗、失业、工伤和生育保险。

根据《中华人民共和国农民专业合作社法》关于“清算组负责制定包括清偿农民专业合作社员工的工资及社会保险费用，清偿所欠税款和其他各项债务，以及分配剩余财产在内的清算方案，经成员大会通过或者申请人民法院确认后实施。”条款内容看，法律允许农民合作社聘用员工，且应当为员工缴纳社会保险费。农民专业合作社具有法人资格，且依法纳税，能够在社会保障部门开立社会保险账户，为员工缴纳相应的社会保险。

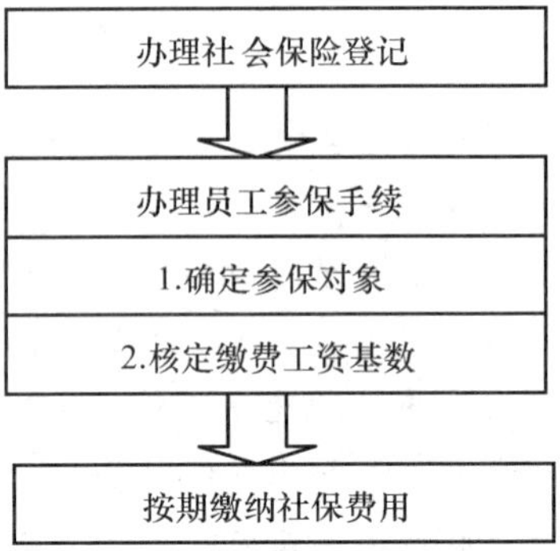

图 7-8 缴纳社会保险流程

（1）合作社雇员社会保险申报缴费流程。合作社为雇员申报缴纳社会保险流程如图 7-8 所示：

» 办理社保登记（图 7-9）。合作社要先到所在地社会保险基金管理分中心（图 7-10）申请办理登记。办理社保登记须携带的证件有：营业执照、批准成立证件或其他核准执业证件；银行基本账号；社会保险基金管理中心规定的其他有关证件、资料。图 7-11 为社保内容。

图 7-9 社保登记证

图 7-10 社保办理机构

图 7-11 社保内容

» 办理员工参保手续。合作社给员工办理社会保险参保手续需要做好以下工作：确定参保对象。参保对象应当是与合作社签订了劳动合同，达到了国家法定劳动年龄且未达到退休年龄的雇员；核定缴费工资基数。合作社按有关规定核定参保人上年度月平均工资，再按各险种的具体规定，报社保中心核定缴费工资基数；合作社经社保办人收集本合作社参保员工的身份证、个人证件照片、劳动合同等，并填写参保登记表到社保机构办理参保手续（也可网络填报）。

» 按期交纳合作社雇员的社保费。

（2）计算社保费。主要计算基本养老保险、失业保险、基本医疗保险、工伤保险和生育保险的缴费数额。

» 基本养老保险费的计算。基本养老保险费由单位和职工共同负担。其中，合作社按照工资总额的20%缴纳，员工个人缴费费率为8%，计费依据为上月工资总额。

» 失业保险费的计算。合作社按照本合作社工资总额的2%缴纳失业保险费，员工按照本人工资的1%缴纳失业保险费。

» 基本医疗保险费的计算。合作社缴费的费率在6%，职工个人的缴费率为2%。合作社缴费部分的计费依据为上月工资总额。

» 工伤保险费的计算。国家根据不同行业的工伤风险程度确立行业的差别费率，并根据工伤保险费使用 、工伤发生率等情况，在每个行业内确立若干费率档次。一般在1%，并定期由社保经办机构调整。计费依据为合作社上月工资总额。

» 生育保险费的计算。合作社缴纳生育保险费按照不超过工资总额的1%缴纳。

（二）资料准备

（1）利用现有图书馆或资料室报纸杂志及电脑、网站、WiFi 等网络环境条件，查找薪酬体系、薪酬模式、社会保险种类及缴费金额计算的信息资料。

（2）教师组织学生到当地社保办理部门参观，了解农民合作社办理社保的流程。

（3）通过网络，查找农民合作社支付雇员薪酬及为雇员缴纳社会保险的案例资料；调查当地农民合作社雇用工作人员的情况，了解其薪酬组成、支付方式和社会保险的缴纳情况。

（4）教师准备的资料单：关于农民合作社薪酬体系构成、薪酬模式、社会保险内容、社会保险费缴纳流程、基本养老险、基本医疗险、失业险、工伤险和生育险缴费金额的计算等相关文章。

如何设计和实施学习任务？

二、项目设计与实施

【项目设计】(图 7-12)

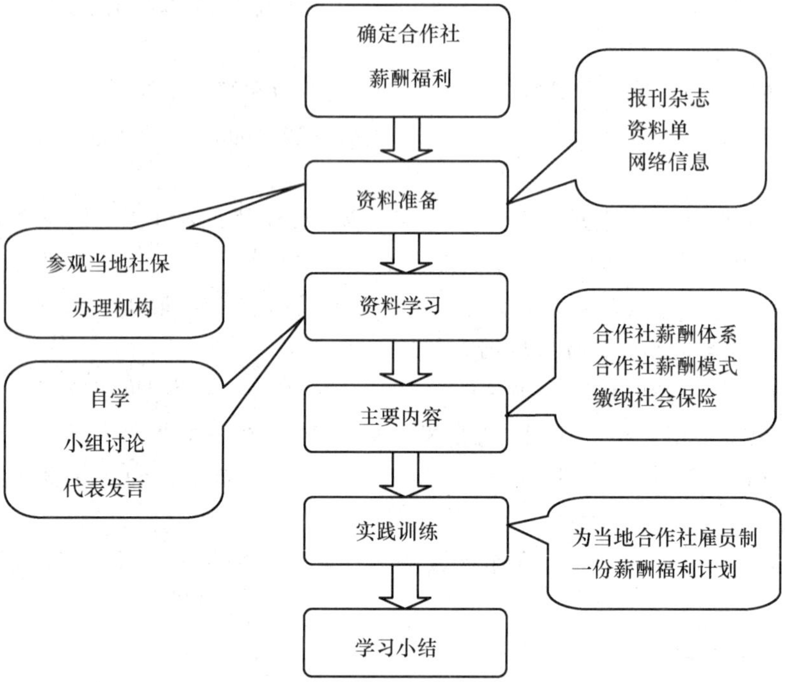

图 7-12 确定农民合作社雇员薪酬福利学习任务完成流程

【项目实施】

(1)安排学生课前预习薪酬、薪酬体系、薪酬模式、社会保险、社会保险缴纳流程、基本养老险、基本医疗险、失业险、工伤险和生育险缴费金额的计算内容。

(2)在教师的指导下,通过多种信息渠道查询资料。关键词:合作社、薪酬体系、模式、社会保险 、缴纳流程、社会保险费计算等。

(3)在教师指导下参观当地社保登记办理机构,了解社会保险登记和办理程序。

(4)小组讨论,用集体的智慧完成一份较好的学习收获体会,每组选一个代表,在全班讲解小组的学习路径、学习收获,组员补充收获的内容。

(5)分小组为当地合作社雇员制定一份切实可行的薪酬福利计划。

(6)教师组织发动全班同学讨论、评价各小组的学习情况和制定的薪酬福利计划，达到全班同学共享学习资源和收获体会，巩固所学的知识内容。

三、学习拓展

(一)薪酬支付的原则

为保证薪酬支付能充分起到激励作用，农民合作社雇员的薪酬支付必须遵循如下基本原则：

(1)薪酬支付及时性原则。月薪必须每月支付一次，并且时间要相对固定。如有特殊情况，必须事先向员工解释清楚。员工的薪酬不是合作社的施舍，是企业对员工的负债。

(2)薪资支付的现金原则。即支付给员工的基础工资、奖励工资、附加工资，只能采用现金的形式发放，不能选用合作社股金或者合作社产品的形式。

(3)薪资支付的足额原则。这就是承诺的薪资必须按时间约定，足额支付，不得有任何截流。

(4)薪资扣除的约定原则。在合作社管理中，对员工的某些行为，要进行惩戒性罚款是必不可少的，诸如旷工、迟到和缺勤要扣除一定数额的基础工资、奖励工资和附加工资。但这种扣除都必须事先有明确的约定，并让每个员工都熟知这种事先的约定，不得有任何暗箱操作，或者事后任意追加。

(5)福利享有的绩效挂钩原则。即社会保险等福利的享有，要求必须事先在支付比例、支付方式上做出规范约定，并与绩效考核挂钩，明确绩效考核得分与员工福利保险享有数量和享有比例。

(6)薪资预支的担保原则。在一般情况下，合作社都不会允许随意地预支工资，但是这又不能一刀切。每个员工面临的问题多种多样，如果对薪资预支做出过死的规定，就会让员工感到合作社缺乏人情味，难以把合作社作为自己的依托，进而降低对合作社的归属感。

(二)薪酬激励的艺术

尽管薪酬不是激励员工的唯一手段，也不是最好的办法，但却是一个非常重要、最易被人运用的方法。薪酬总额相同，支付方式不同，会取得不同的效果。农民合作社要实现薪酬效能最大化，应注意如下几点：

(1)在薪酬构成上增强激励性因素。从对员工的激励角度上讲，可以将广义的薪酬分为两类：一类是保健性因素，如工资、固定津贴、社会强制性福利、合作社内部统一的福利项目等；另一类是激励性因素，如奖金、物质奖励、股份、培训等。如果保健性因素达不到员工期望，会使员工感到不安全，出现士气下降、人员流失，甚至招聘不到人员等现象。另一方面，尽管高额工资和多种福利项目能够吸引员工加入并留住员工，但这些常常被员工视为应得的待遇，难以起到激励作用。真正能调动员工工作热情的，是激励性因素。

(2)设计适合员工需要的福利项目。完善的福利系统对吸引和保留员工非常重要。福利项目设计得好，不仅能给员工带来方便，解除后顾之忧，增加对合作社的忠诚，而且可以节省在个人所得税上的支出，同时提高了合作社的社会声望。

员工个人的福利项目可以按照政府的规定分成两类。一类是强制性福利，合作社应该按政府规定的标准执行，比如养老保险、失业保险、医疗保险、工伤保险等。另一类是合作社自行设计的福利项目，常见的如旅游、服装、误餐补助或免费工作餐、健康检查、带薪假期等。员工有时会把这些福利折算成收入，用以比较合作社是否具有物质吸引力。

任务3 考核与激励农民合作社雇员

一、学习准备

如何考核与激励农民合作社雇员？

(一)知识准备

合作社对雇员的考核主要是考核绩效，就是针对农民合作社中每个雇员所承担的工作，应用各种科学的定性和定量的方法，对雇员行为的实际效果及其对合作社的贡献或价值进行考核和评价。通过绩效考核，把合作社雇员聘用、职务升降、培训发展、劳动薪酬相结合，使得合作社激励机制得到充分运用，有利于合作社的健康发展(图 7-13)。

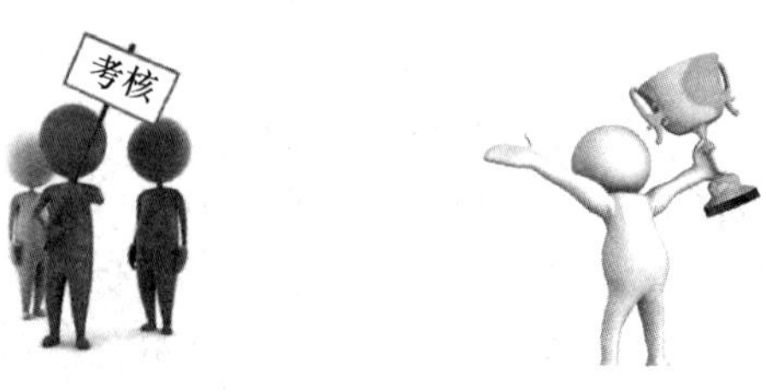

图 7-13 建立合作社考核激励机制

1. 绩效考核程序与方法

合作社对雇员的考核需要采取科学的程序和方法。绩效考核程序见图 7-14。

合作社绩效考核标准的建立是以岗位职务分析为基础，岗位职务分析的结果决定了绩效考核的标准。绩效考核的内容主要侧重于工作实绩和行为表现两个方面。有关人员要对被考评雇员的实际成绩和表现做客观的记录，并确定不同指标的成绩水平，对其的工作做出综合评定，确定最后的评价等级，并指出其优缺点。根据考核结果实施必要的奖惩，并制定改进方案。

绩效考核的方法很多，比较适用于农民合作社的是目标绩效考核法。该方法是自上而下进行总目标的分解和责任落实过程，相应的，绩效考核也服从总目标和分目标的完成。目标绩效考核法的实施过程如图 7-15 所示。

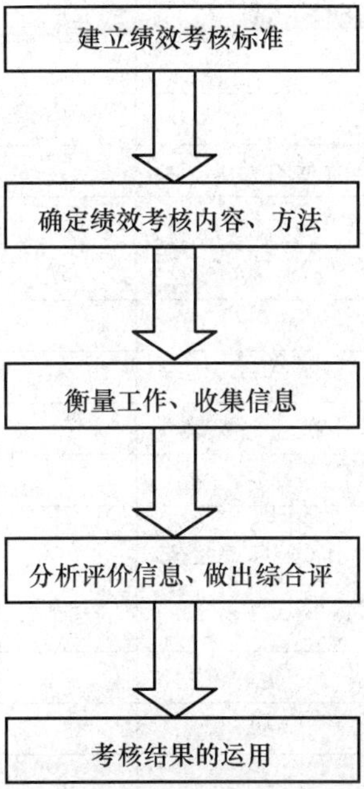

图 7-14 农民合作社雇员绩效考核流程

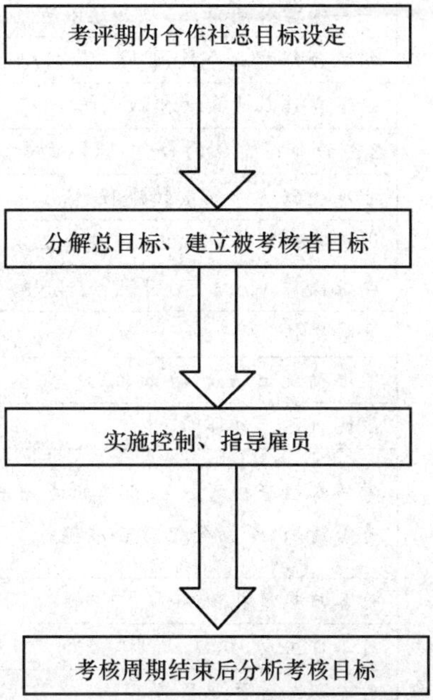

图 7-15 目标管理考核方法实施过程

在总方向和总目标确定的情况下，分解目标，建立被考评者应该达到的目标，这些目标通常成为对被考评者进行评价的根据和标准。制定目标时，应注意目标的具体性和客观性，目标的数量不宜过多；目标应做到可量化、可测量，且长期与短期并存；设立目标的同时，还应制定达到目标的详细步骤和时间框架。

【阅读小案例】

×××××合作社工作人员考核表

	姓名	岗位	考核时间	
序号	考核项目	考核内容	分值	得分
1	工作内容	熟练办理入社手续,根据熟练成度打分	6	
2		准确说出合作社已经发展的村委,少说一个扣2分,说错一个扣	6	
3		准确说出上月新发展社员数量,允许相差5人以内	6	
4		准确说出本社社员数量,允许相差50人以内	6	
5		妥善保管公司证照,不知道在哪存放,一个扣2分	4	
6		叙述合作社业务范围	5	
7		叙述合作社十大优惠政策	5	
8		2分钟介绍自己的合作社(以向新加入社员的口吻)	5	
9		能准确叙述财务报销流程	5	
10		近一月内下乡五次以上(包含五次)	5	
11		熟练操作 Word Excel Powerpoint	4	
12		会接发传真	2	
13		能准确说出联众、德众、汇众、汇金、汇银各在哪个乡镇	6	
14		叙述自己工作职责	5	
15		考核人检查被考核人工作职责内基础工作(如账目登记是否清晰、考勤登记是否准确等)	4	
16				
17	直属领导打分	对客户热情礼貌	3	
18		对工作主动、积极、进取	3	
19		对本职工作尽职尽责	3	
20		顾全大局、以公司利益为重	3	
21		遵守公司各种规章制度	3	
22		上班守时,不迟到,不早退,本年度月平均请假1.5天内	3	
23	同事打分	内部员工之间互相配合、协作	4	
24		对同事态度真诚热情	4	
	考核总分		100	

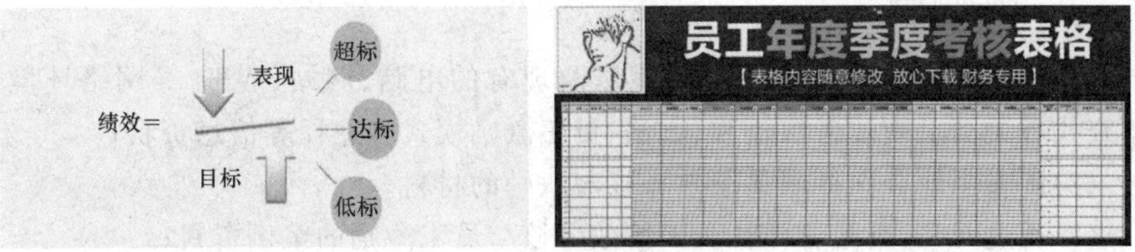

图 7-16　目标绩效考核

2. 激励的模式和方法

合作社雇员激励是指通过各种有效的手段，对合作社员工的各种需要予以不同程度的满足或者限制，以激发员工的需要、动机、欲望，从而使员工形成某一特定目标并在追求这一目标的过程中保持高昂的情绪和持续的积极状态，充分挖掘潜力，全力达到预期目标的过程。激励可以分为正负两个方面，也就是我们常说的奖罚分明。激励员工的实践过程如图 7-17 所示。

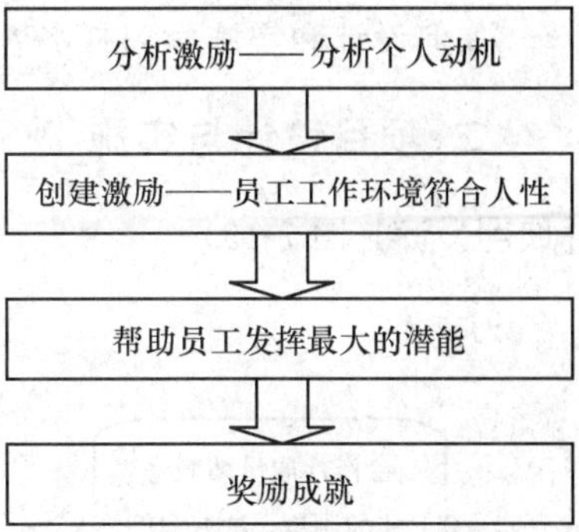

图 7-17　激励员工的实践过程

适用于农民合作社的激励模式有如下几种：

(1)目标激励。就是使合作社员工自身利益与合作社利益相一致。研究表明：目标及完成期限规定得越明确，员工参与的程度越高，激励的“度”就越大。

(2)物质(待遇)激励。物质激励，尤其是薪资酬赏的激励效用仍是主要的激励手段。几乎所有的合作社都相当重视物质激励。

(3)荣誉激励。授予给员工适当的荣誉也是非常有效的激励方式。

激励合作社员工的途径如图 7-18 所示。

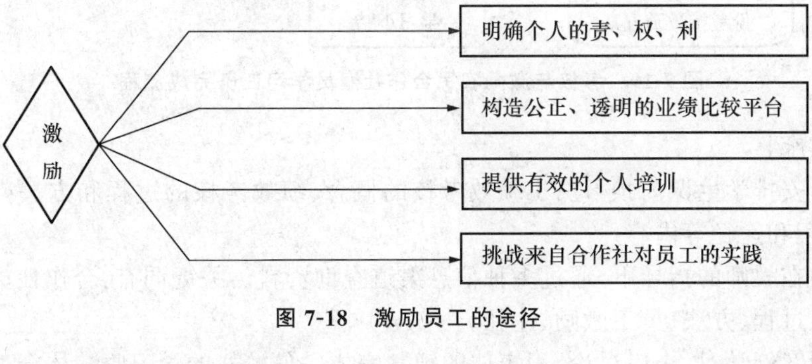

图 7-18　激励员工的途径

(二)资料准备

(1)利用现有的图书馆或资料室以及现有的电脑、网站、WiFi 等网络环境条件,查找有关员工绩效考核过程、方法、员工激励模式和途径等信息资料;

(2)调查当地合作社雇员绩效考核与激励的材料;

(3)通过网络,查找合作社员工绩效考核与员工激励的案例资料;

(4)教师准备的资料单:关于合作社雇员绩效考核过程、方法及制度,合作社员工激励的过程及方法的相关文章。

如何设计和实施学习任务?

二、项目设计与实施

【项目设计】(图 7-19)

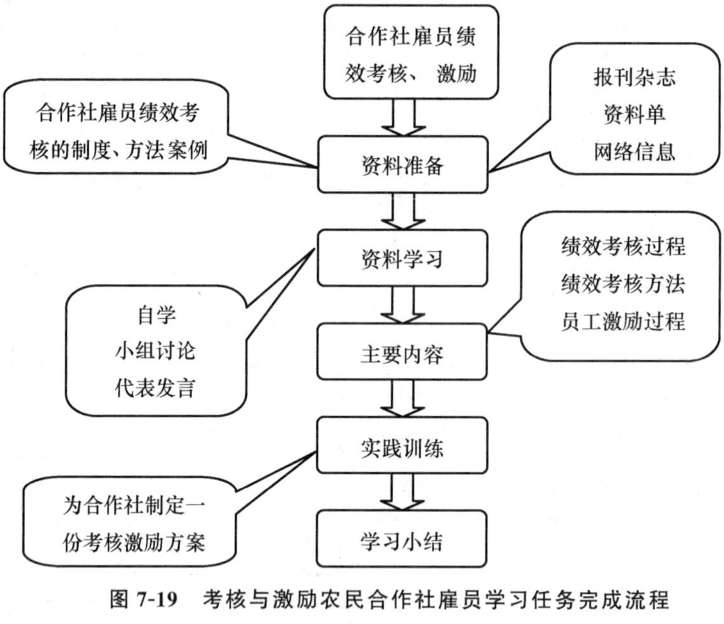

图 7-19 考核与激励农民合作社雇员学习任务完成流程

【项目实施】

(1)安排学生课前预习员工绩效考核的概念、绩效考核的过程和方法;员工激励的过程和途径等内容。

(2)在教师的指导下,通过多种信息渠道查询资料。关键词有:合作社员工、绩效考核、过程、方法、员工激励、途径。

(3)案例学习,小组讨论,用集体的智慧完成一份较好的学习收获体会。

(4)每组选一个代表,在全班讲解小组的学习路径、学习收获,组员补充收获的内容。

(5)分小组调查当地农民合作雇员的考核激励情况,并为其制定一份考核激励方案。

(6)教师组织发动全班同学讨论、评价各小组的学习情况及方案制定情况,达到全班同学共享学习资源和收获体会,巩固所学的知识内容。

三、学习拓展

(一)绩效考核的类型和基本原则

1. 绩效考核的类型

绩效考核根据分类依据不同可以分为如下类型:

(1)按时间分可分为定期考核和不定期考核。合作社定期考核考核的时间可以是一个月、一个季度、半年、一年。考核时间的选择要根据合作社业务情况和岗位特点绩效选择。不定期考核有两方面的含义,一方面是指合作社对人员的提升所进行的考评,另一方面是指主管对下属的日常行为表现进行纪录,发现问题及时解决,同时也为定期考核提供依据。

(2)按考核的内容分为特征导向型、行为导向型、结果导向型。特征导向型考核的重点是员工的个人特质,如诚实度、合作性、沟通能力等,即考量员工是一个怎样的人。行为导向型考核的重点是员工的工作方式和工作行为,即对工作过程的考量。结果导向型考核的重点是工作内容和工作质量,侧重点是员工完成的工作任务和生产的产品。

(3)按主观和客观与否划分为客观考核方法和主观考核方法。客观考核方法是对可以直接量化的指标体系所进行的考核,如生产指标和个人工作指标。主观考核方法是由考核者根据一定的标准设计的考核指标体系对被考核者进行主观评价,如工作行为和工作结果。

2. 绩效考核的基本原则

绩效考核应遵循如下基本原则:

(1)客观评价原则。应尽可能进行科学评价,使之具有可靠性、客观性、公平性。

(2)全面考评的原则。就是要多方面、多渠道、多层次、多角度、全方位地进行立体考评。

(3)公开原则。应使考评标准和考评程序科学化、明确化和公开化。

(4)差别原则。考评等级之间应当产生较鲜明的差别界限,才会有激励作用。

(5)反馈原则。考评结果一定要反馈给被考评者本人,否则难以起到绩效考评的教育作用。

(二)激励的动力基础和原则

1. 激励的动力基础

激励是以某种欲望和需要作为基础的,心理学家马斯洛将人的需要分为五个层次,由低级到高级依次为生理需要、安全需要、归属需要、尊重需要和自我实现需要。人类的五种需要以层级的形式出现,个体总是首先满足低级需要,然后产生高一层级的需要。当某一层级需要得到满足后,这种需要就不再成为推动个体行为的动力了。图 7-20 为马斯洛需求层次论。

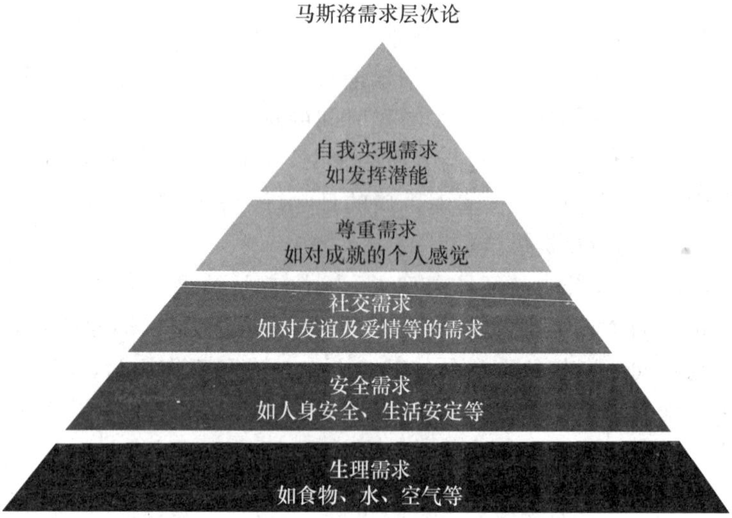

图 7-20 马斯洛需求层次论

2. 激励的原则

运用激励手段,必须遵循如下原则:

(1)为合作社和员工制定切合实际的目标,这些目标既具有挑战性,又可以通过努力而能实现。

(2)员工能在决策前适当的参与,认真地表示自己的意见与观点。

(3)努力地了解员工的工作表现,取得什么样的进展以及出现什么问题,并能进行坦诚交流与反馈。

(4)经常向员工交流情况,向他们解释要做什么和为什么做,以增进彼此了解,加强他们对管理者的信赖。

(5)员工告诉你什么都需要听，努力理解他们在谈论些什么，对他们的想法、建议要给予好评，使其感到自己的重要性。

(6)真诚地关怀员工成长与发展，并在适当时候，向他们提出建议。

(7)表扬要坦率、真诚，公开表扬是用来鼓舞人的热情，提高他们的重要性的最强有力的方法之一。

(8)要经常坦率地找那些惹你生气的人交换意见，而不要发火，把那些可能酿成重大危机的事件及时解决。

(9)要愿意听取新意见，即使那些与你想法大相径庭的看法。

(10)只有在必要时才给予申斥，而且只能在私下里进行，其目的是纠正与教育。

(11)尽可能使雇员对工作感兴趣、愿意干，这将有助于他们实现个人目标，因而也可能达到管理者目的。

(12)不要怕放权，要充分放手让员工在工作中大胆地干。

(13)不要用威胁手段强迫员工去完成工作，要消除不必要的威胁与惩罚。

(14)宽宏大量，不要与你的员工争名利，一旦自己错了，要勇敢地承认自己错了而你的员工是正确的。

(15)当员工需要支持时，要支持他们，包括积极寻找提拔他们的机会。

(16)鼓励与帮助你的员工制定好自己的目标，保证让你的员工知道，如何工作才能实现其个人目标。

四、评价反馈

评价反馈过程和内容见附件。

模块四　农民合作社生产管理和营销策略

项目八　管理农民合作社生产

【项目目标】

完成本项目学习后，你应该能

1. 知道如何依托优势产业，建立农民合作社生产基地
2. 按照农产品标准体系要求组织农产品生产活动
3. 能依据合作社生产农产品的特点进行农产品质量认证

【引导案例】

小树莓做成大产业

初秋季节，封丘县留光镇青堆村村道两侧，连片的树莓枝丫仍然身披绿色。在树莓种植基地的田间，一排排水泥石桩整齐地竖立着，十几名农户正在给树莓修剪枝丫，一幅美丽的田园画卷跃然纸上。2005 年该村组建了青堆树莓专业合作社。合作社对树莓种植户提供“产前、产中、产后”系统服务，施行“统一供苗、统一技术指导、统一农资、统一采摘、统一加工销售”的五统一的标准化生产。2007 年注册了“津思味”商标，建立了一系列树莓种植标准，树莓产品标准。同时启动树莓加工产业，先后开发了树莓饮料、扩大冷冻果出口等，不断拉长产业链条，实现增值。

由于合作社重质量守信誉、标准化生产得到了社会各界的认可，被中国特产协会公众评选为中国名优特产。2012 年合作社社员达到 3 800 户，种植面积 1.2 万亩，种植区域扩大到山东、山西、四川等全国 6 个省区，投资 2 300 多万元、年产8 万

吨的果汁生产线投产，合作社综合办公楼投入使用，合作社抱回了国家级示范社的牌匾。

（资料来源：http://news.sohu.com/20061113/n246338882.shtml）

案例点评：为了进一步做强做大树莓产业，合作社建立树莓生产基地，对树莓种植户提供系统服务，进行标准化生产。同时不断拉长产业链条，实现了树莓苗木培育、树莓种植、产品研发、加工销售的产业化发展格局。

任务 1　建立农民合作社生产基地

一、学习准备

如何建立合作社的生产基地？

（一）知识准备

农民合作社生产基地是指在一定区域内、具有适当规模、组织管理完善、并能长期稳定地向区域内外提供大量农产品的集中生产地区（图 8-1）。建立农民合作社生产基地需要：

图 8-1　农民合作社生产基地

1. 依托优势产业

农业优势产业是以地区比较优势为基础，产业发展具有相对的资源优势和一定的生产规模，资源配置基本合理，资本运行效率较高，在一定空间区域和时间范围内有较高投入产出率，并能体现地区相对竞争优势的农业产业（图 8-2）。优势产业的构建需要明晰现代农业产业体系的规划与布局，充分发挥各地区比较优势，重点建设农产品主产区。

图 8-2 优势产业生产基地

2. 选择适度规模经营模式

适度规模经营是在一定的环境和社会经济条件下，各生产要素（如土地、劳动力、资金、设备、经营管理、信息等）通过最优组合和有效运行，取得最佳的经济效益（图 8-3）。适度规模经营可以通过以下几种模式实现：

图 8-3 适度规模经营

（1）专业大户模式。要积极引导农村的科技户、种田能手或有一定经济实力的自然人，通过租赁和转包的方式受让农户流转出的土地，开展规模经营。

（2）家庭农场模式。家庭农场是以农户家庭为基本组织单位，通过租赁和转包等形式受让农户流转出的土地，并依法取得法人资格，从事适度规模的农业生产、加工和销售的新型经营组织。

（3）农民专业合作社模式。围绕当地主导产业和特色产品，加快发展“生产在户，服务在社”的规模经营发展模式，提升合作社发展活力和带动农户的能力。

（4）土地股份合作社模式。引导农民以土地承包经营权入股，成立土地股份合作社，实行规模化经营。

（5）委托经营模式。农户将所承包的耕地委托给村集体经济组织或合作社经营，在农资采购、农事操作、技术措施和产品销售等方面实行委托管理，经营效益按委托协议据实返还农户。

（6）农业龙头合作社办基地模式。农业产业化龙头合作社以租赁方式流转农户承包地，建立农产品生产基地，发展适度规模经营。

3. 推广应用新技术、新品种

新技术新品种的推广有着至关重要的作用，且要遵循因地制宜、注重效益、生态循环、渐次更替的原则。

(二)资料准备

(1)通过到合作社生产基地实地调研和利用现有的图书馆或资料室以及报纸杂志，查找有关农民合作社生产基地的信息资料；

(2)利用现有的电脑、网站、WiFi 等网络环境条件，查找有关农业优势产业、农业适度规模经营、农业新技术、新品种推广应用的信息资料；

(3)通过网络，查找国家关于农民合作社生产基地的政策信息；

(4)教师准备关于农业优势产业、农业适度规模经营、农业新技术、新品种推广的相关资料。

如何设计和实施学习任务？

二、项目设计与实施

【项目设计】(图 8-4)

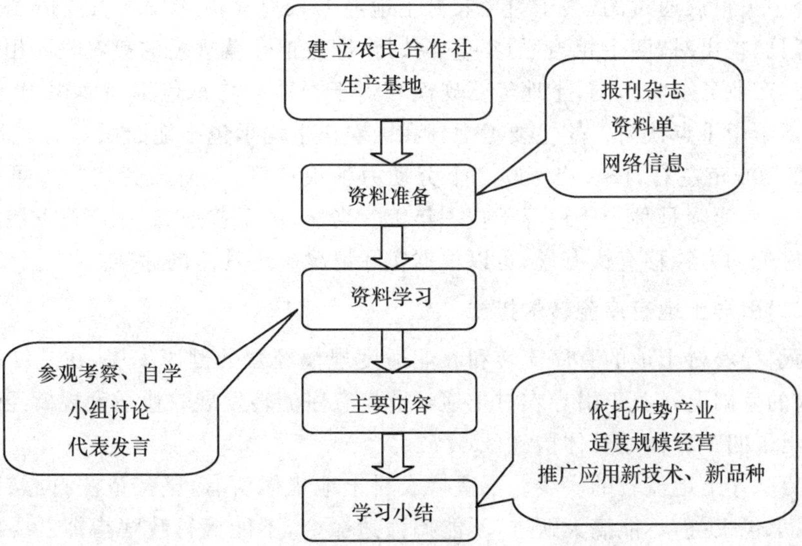

图 8-4 建立农民合作社生产基地学习任务完成流程

【项目实施】

(1)安排学生课前预习依托农业优势产业、农业适度规模经营、农业新技术、新品种的推广应用等内容。

(2)教师指导学员到示范合作社生产基地考察,调研示范合作社生产基地是如何建立的。

(3)在教师的指导下,通过多种信息渠道查询资料。关键词:优势产业、规模经营、农业新技术、新品种。

(4)小组讨论,用集体的智慧完成一份较好的学习收获体会。

(5)教师指导学员分组调查本地农民合作社生产基地建立情况、提出农民合作社基地建立应采取的措施和建议,每组写出一份调查报告(不少于 1 500 字);每组选一个代表,在全班讲解小组的学习路径、学习收获,组员补充收获的内容。

(6)安排好每组学员的拓展学习,用课后作业与课前提问的方法完成知识巩固。教师对每组进行学习途径和学习方法评价,指导学员掌握农民专业合作社的设立。

三、学习拓展

(一)适度规模农业的标准

经中央审议通过的《关于引导农村土地经营权有序流转发展农业适度规模经营的意见》提出对“两个相当”的要重点扶持,即土地经营规模的务农收入相当于当地二、三产业务工收入的,土地经营规模相当于当地户均承包土地面积 10～15 倍的,应当给予重点扶持。这主要考虑到我国农户平均承包土地面积不足 8 亩,10～15 倍在 100 亩左右,按农户家庭 2 个劳动力种粮计算,现阶段劳均收入可相当于出外打工。实际是种半年地等于打一年工。当然,由于各地二、三产业发展水平不一,农村劳动力转移有快有慢,可以根据实际情况确定具体的标准。

(二)引导土地有序流转的措施

为引导农村土地的有序流转和农业适度规模经营的健康发展,在总结基层实践经验的基础上,《关于引导农村土地经营权有序流转发展农业适度规模经营的意见》提出了四个方面的具体措施:

(1)坚守土地流转的底线。要坚持农村土地集体所有,坚持依法自愿有偿,保护农民承包权益,不能搞大跃进,不能搞强迫命令,不能搞行政瞎指挥。要确保流转土地用于农业生产,重点支持粮食规模化生产。

(2)鼓励创新土地流转形式。鼓励农民以多种形式长期流转承包地,鼓励通过互换解决承包地细碎化问题,稳步推进土地经营权抵押、担保试点,允许农民以承包经营权入股发展农业产业化经营等。

(3)严格规范土地流转行为。尊重农民在流转中的主体地位,村级组织只能在农户书面委托的前提下才能组织统一流转,禁止以少数服从多数的名义将整村整组农户承包地集中对外招商经营。

(4)加强土地流转服务体系建设。土地流转服务体系是新型农业经营体系的重要组成部分,是农村土地流转规范、有序、高效进行的基本保障。建立健全农村土地流转服务体系,应健全信息交流机制,建立政策咨询机制,完善价格评估机制。

任务2 认知农业标准化

一、学习准备

什么是农业标准化及标准化体系?

(一)知识准备

农业标准化就是指农业生产经营活动要以市场为导向,建立健全规范化的工艺流程和衡量标准。其目的是将农业的科技成果和多年的生产实践相结合,制订成"文字简明、通俗易懂、逻辑严谨、便于操作"的技术标准和管理标准向农民推广,最终生产出质优、量多的农产品供应市场,不但能使农民增收,同时还能很好地保护生态环境。

1. 农业标准化的主要内容

农业标准化的主要内容有:

(1)农业基础标准,主要是指在农业生产技术中所涉及的名词、术语、符号、定义、计量、包装、运输、贮存、科技档案管理及分析测试标准等;

(2)种子、种苗标准。种子、种苗等品种种性和种子质量分级标准、生产技术操作规程、包装、运输、贮存、标志及检验方法等;

(3)产品标准,产品标准主要包括农林牧渔等产品品种、规格。质量分级、试验方法、包装、运输、贮存、农机具标准、农资标准以及农业用分析测试仪器标准等;

(4)方法标准,方法标准包括选育、栽培、饲养等技术操作规程、规范、试验设计、病虫害测报、农药使用、动植物检疫等方法或条例;

(5)环境保护标准,环境保护标准是指为保护环境和有利于生态平衡、对大气、水质、土壤、噪声等环境质量、污染源检测方法以及其他有关事项制订的标准，如水质、水土保持、农药安全使用、绿化等方面的标准；

(6)卫生标准，卫生标准主要包括农产品中的农药残留及其他重金属等有害物质残留允许量的标准；

(7)农业工程和工程构件标准，农业工程和工程构件标准是指围绕农业基本建设中各类工程的勘察、规划、设计、施工、安装、验收，以及农业工程构件等方面需要协调统一的事项所制订的标准，如塑料大棚、种子库、沼气池、牧场、畜禽圈舍、鱼塘、人工气候室等；

(8)管理标准，管理标准是指对农业标准领域中需要协调统一的管理事项所制订的标准，如标准分级管理办法、农产品质量监督检验办法及各种审定办法等。

图 8-5 为西瓜、甜瓜标准化生产技术图书。

图 8-5　农业标准化生产技术图书

2. 农业标准体系

农业标准体系主要是指围绕农林牧副渔各业，制定的以国家标准为基础，行业标准、地方标准和合作社标准相配套的产前、产中、产后全过程系列标准的总和，还包括为农业服务的化工、水利、机械、环保和农村能源等方面的标准。

(1)国家标准。国家标准在全国范围内适用，其他各级标准不得与国家标准相抵触。国家标准一经发布，与其重复的行业标准、地方标准相应废止，国家标准是四级标准体系中的主体。

(2)行业标准。行业标准是由国家的某个行业组织通过并公开发布的标准。在我国，行业标准是对没有国家标准，而又需要在全国某个行业范围内统一的技术要求所制定的标准。在我国行业标准发布须由国家标准化行政主管部门确定，行业标准一般也分为强制性和推荐性两类。

(3)地方标准。地方标准一般是由省、自治区、直辖市的标准化行政主管部门公开发布的标准。一般情况下，地方标准是针对没有国家标准或行业标准，而又需要在本区域内统一的技术要求所制定的标准。我国的地方标准分为强制性和推荐性标准。

(4)合作社标准。合作社标准是合作社所制定的产品标准及合作社内需要协调、统一的技术要求、管理要求和工作要求所制定的标准。合作社标准一般包括技术标准、管理标准、工作标准。

技术标准是指对标准化领域中需要协调统一的技术事项所制定的标准。管理标准是指对标准化领域中需要协调统一的管理事项所制定的标准。管理标准包括管理基础标准,技术管理标准,经济管理标准,行政管理标准,生产经营管理标准等。工作标准是指对工作的责任、权利、范围、质量要求、程序、效果、检查方法、考核办法所制定的标准。工作标准一般包括部门工作标准和岗位(个人)工作标准。

【阅读小案例】

推广标准化生产,带动农户增收

广东省潮州市潮安县农村地区一直都有种植玉米的传统。近年来,潮安县惠农玉米合作社依托浮洋片区具有独立排灌系统,水源洁净、土壤肥沃的生产优势,依靠中科院、中国农大、华南农大等高校的技术优势,逐步建立无公害生产示范基地。同时该合作社通过大力推广甜糯玉米标准化生产,从品种引进、供应无公害生物农药、生产指导、质量监测、组织农户培训和建立田头档案等提供全方位的服务,推广甜糯玉米标准化生产后产品产量高、品质好,玉米产量比传统种植高出20%,玉米好吃。玉米收获后,合作社请市农产品检测中心来检测玉米质量,合格方可收购,实行统一销售,亩产值约2 800元,收入比以前翻了几番。目前,惠农玉米合作社社员达到3 000多户,玉米种植4万多亩,产品远销周边城镇以及香港、上海、江浙、北京等地,年销玉米5 000多吨,销售额超2 000万元。

(资料来源:http://www.czbtv.com/msxw/t2012120289617.htm)

(二)资料准备

(1)通过到农民合作社标准化地基调研,利用现有的图书馆或资料室以及报纸杂志,查找有关我国农业标准化、农业标准体系和农产品质量安全标准的相关信息资料;

(2)利用现有的电脑、网站、WiFi等网络环境条件,查找有关我国农业标准化、农业标准体系和农产品质量安全标准的内容资料;

(3)通过网络,查找合作社开展标准化生产的案例资料;

(4)教师准备有关我国农业标准化、农业标准体系和农产品质量安全标准的相关文章资料。

如何设计和实施学习任务?

二、项目设计与实施

【项目设计】(图 8-6)

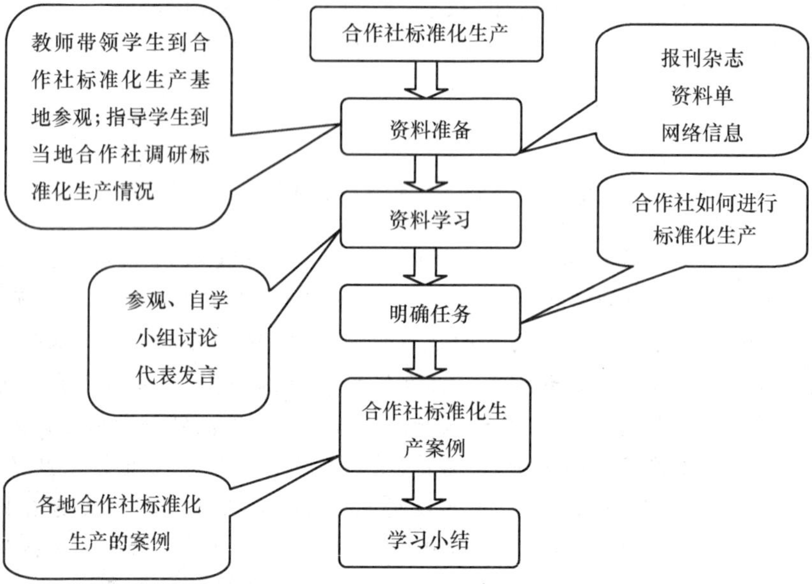

图 8-6 认知农业标准化学习任务完成流程

【项目实施】

(1)安排学生课前预习有关我国农业标准化、农业标准体系和农产品质量安全标准等内容。

(2)在教师的指导下,通过多种信息渠道查询资料。关键词有:农业标准化、农业标准体、农产品质量安全标准。

(3)教师指导学员到合作社标准化生产基地参观,看看是合作社如何开展标准化生产经营的。

(4)教师指导学员分组调查本地农民合作标准化生产经营情况、提出发展农民合作社标准化生产经营应采取的措施和建议,每组写出一份调查报告(不少于1 500 字)。

(5)小组讨论,用集体的智慧完成一份较好的学习收获体会,每组选一个代表,在全班讲解小组的学习路径、学习收获,组员补充收获的内容。

(6)教师组织发动全班同学讨论、评价各小组的学习情况,达到全班同学共享学习资源和收获体会，巩固所学的知识内容。

三、学习拓展

(一)农业质量监督体系

农业质量监督体系是农业标准化建设的重要组成部分。它既是农业标准化工作顺利开展的基础保障体系，也是监督标准化进程、检验标准化成果的重要的信息反馈体系。农业质量监督体系包括农业质量管理体系、执法体系、质量监督检验基础设施和市场评价监督机制等内容。农业质量管理体系与执法体系是政府的重要职能部门之一，它依照法律法规对农业质量进行管理与监督；质量监督检验基础设施主要为政府监督和社会监督提供合法依据；市场评价监督机制是市场运作过程中形成的对农业投入品和农产品进行真伪识别、价值评估，优胜劣汰的质量监督评价认可机制。从本质上讲，农业质量管理体系与执法体系所进行的依法监督也是为了保护和维持市场秩序，促进市场自身评价监督机制的健康发展和良性循环。

(二)农业质量监测体系

农业质量监测体系是指为完成农产品质量各个方面、各个环节的监督检验所需要的政策、法规、管理、机构、人员、技术、设施等要素的综合。它不但是农产品质量的基础保障体系，也是依据国家法律法规对产地环境、农业投入品和农产品质量进行依法监督的执法体系。除必要的政策法规和管理制度外，农业质量监督检验测试机构是这个体系的主体。

任务3　实施农民合作社产品质量认证

一、学习准备

如何实施合作社农产品质量认证?

(一)知识准备

农民合作社产品认证就是依据农产品标准和相应技术要求，经认证机构确认并通过颁发认证证书和认证标志来证明某一农产品符合相应标准和相应技术要求的活动。目前，我国农产品质量认证主要是“三品一标”的认证，即是无公害农产品、绿色食品、有机农产品和农产品地理标志认证。

1. 无公害农产品认证

无公害农产品是指产地环境、生产过程和产品质量符合国家有关标准和规范的要求，经认证合格获得认证证书并允许使用无公害农产品标志的未经加工或者初加工的食用农产品。申请认证时，无公害农产品认证申请人向所在县(区)级无公害农产品认证机构提供如下材料(一式两份)：

(1)《无公害农产品产地认定与产品认证申请书》；

(2)国家法律法规规定申请者必须具备的资质证明文件(复印件)(如营业执照、注册商标、卫生许可证等)；

(3)《无公害农产品内检员证书》(复印件)；

(4)无公害农产品生产质量控制措施；

(5)无公害农产品生产操作规程；

(6)符合规定要求的《产地环境检验报告》和《产地环境现状评价报告》或者符合无公害农产品产地要求的《产地环境调查报告》；

(7)符合规定要求的《产品检验报告》；

(8)以农民专业合作经济组织作为主体和“合作社＋农户”形式申报的，提交与合作农户签署的含有产品质量安全管理措施的合作协议和农户名册(包括农户名单、地址、种养殖规模)；如果合作社申报材料中填写的是“自产自销型、集中生产管理”，请提供书面证明说明原因，并附上合作社章程以示证明。

大米、茶叶、咸鸭蛋、鲜牛奶等初级加工产品还需提供以下材料：加工技术操作规程；加工卫生许可证复印件或全国工业产品生产许可证复印件；如果是委托加工，需提供委托加工协议和受委托方的加工卫生许可证复印件或全国工业产品生产许可证复印件。

水产类需要提供产地环境现状说明，区域分布图和所使用的渔药外包装标签；

(9)无公害农产品产地认定与产品认证现场检查报告；

(10)无公害农产品产地认定与产品认证报告；

(11)规定提交的其他相应材料。

无公害农产品认证程序如图 8-7 所示。

无公害农产品认证证书有效期为 3 年。期满需要继续使用的，应当在有效期满 90 日前按照无公害农产品复查换证的要不得，进行复查换证(图 8-8)。

2. 绿色食品认证

绿色食品是遵循可持续发展和有机农业原则，在空气、土壤和水源均无污染的生态环境之中，应用无公害生产的操作规程，产出和加工出的安全优质、富于营养，并经绿色食品发展机构认证，允许使用绿色食品标志的一切食用农副产品的总称。

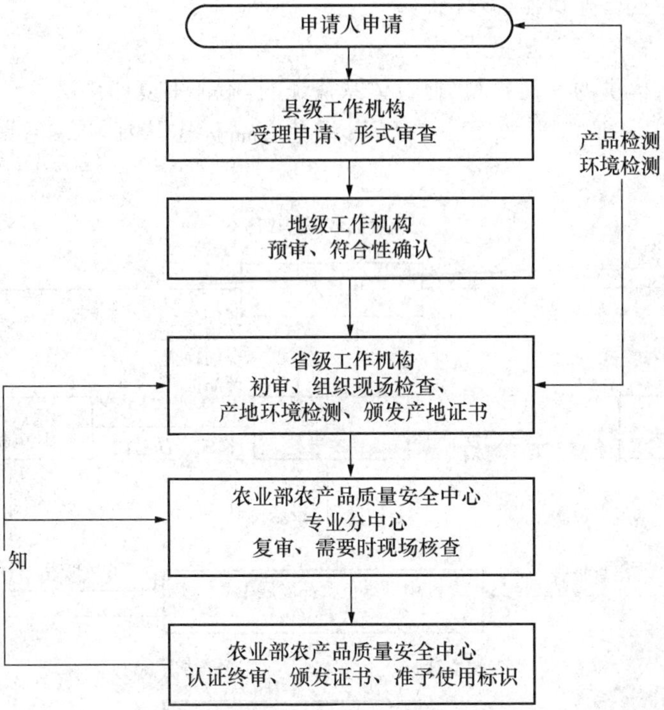

图 8-7　无公害农产品认证程序

申请认证时，绿色食品认证申请人向中国绿色食品发展中心（以下简称中心）及其所在省（自治区、直辖市）绿色食品办公室、绿色食品发展中心递交如下材料：

（1）《绿色食品标志使用申请书》《合作社及生产情况调查表》；

（2）保证执行绿色食品标准和规范的声明；

（3）生产操作规程（种植规程、养殖规程、加工规程）；

图 8-8　无公害农产品标识和标志证书

（4）合作社对“基地＋农户”的质量控制体系（包括合同、基地图、基地和农户清单、管理制度）；

（5）产品执行标准；

（6）产品注册商标文本（复印件）；

(7)合作社营业执照(复印件);

(8)合作社质量管理手册;

(9)要求提供的其他材料(通过体系认证的,附证书复印件)。

绿色食品认证流程如图 8-9 所示,绿色食品标志认证和绿色食品证书如图 8-10 所示。

绿色食品认证程序图

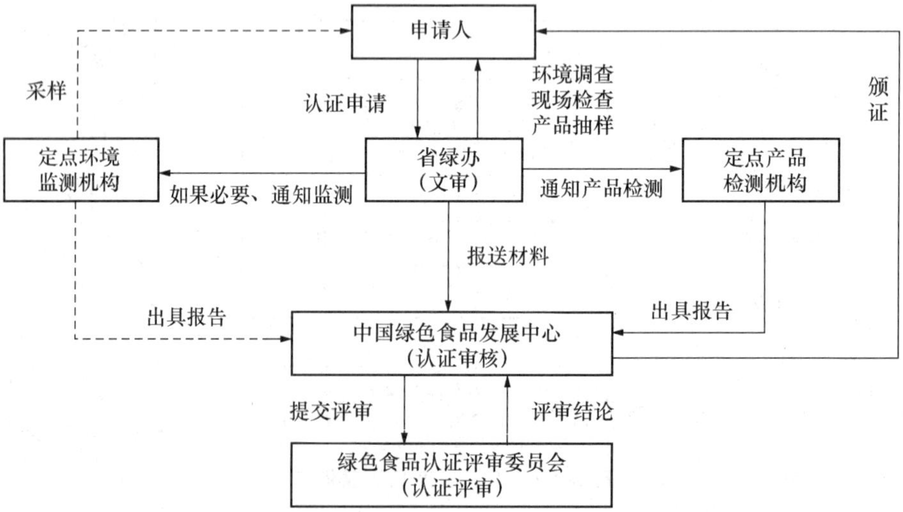

图 8-9　绿色食品认证流程

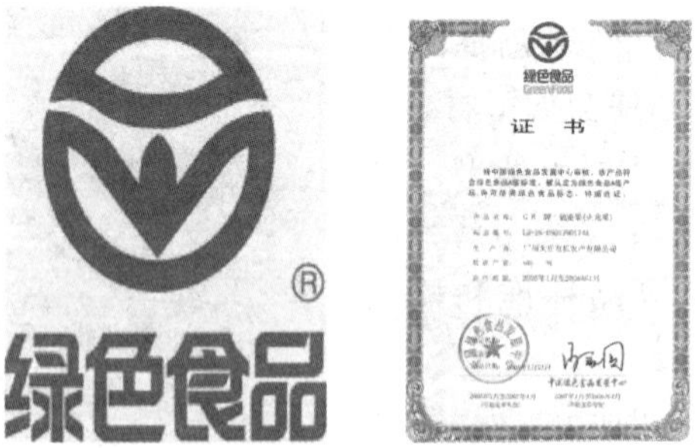

图 8-10　绿色食品标志认证和绿色食品证书

【阅读小案例】

发展绿色食品 增加农民收入

浙江省长兴县显圣稻米专业合作社成立于2003年3月，经长兴县工商行政管理局注册登记，开始运作。十多年来，该合作社坚持绿色办社，质量兴社的宗旨，以农产品标准化生产为基础，以农业产业化、绿色化、品牌化开发为目标，组织社员加强对产品生产各环节的质量安全控制和管理，2003年其稻米生产基地被认定为浙江省无公害农产品基地，其产品被认定为无公害农产品和湖州市名牌产品，2005年合作社的显圣大米产品获得绿色食品认证；2006年合作社的显圣大米产品获得了有机农产品认证。合作社从水稻种植，稻谷收购，大米的销售，实施“七个统一”服务，即：统一使用商标：注册“显圣”牌商标，为合作社使用；统一提供种子：按合同订单为社员提供优质水稻良种；统一提供应农业生产资料：根据水稻各生长阶段向社员提供化肥、农药等生产资料；统一种植规程：社员必须按合作社的种植操作规程实行科学种植；由合作社提供技术资料，统一防治病虫害；统一施肥；统一销售。由于实施“七个统一”服务，促进了合作社生产经营健康发展和产品质量安全水平的提高。2012年合作社共建立无公害稻米基地5万亩，一般社员每亩均可增收210元左右，户均增收35 690元。从而促进了显圣大米的品牌化开发，有效地开拓了市场，实现了农业增效、社员增收和区域经济的发展。

（资料来源：http://www.caein.com/index.asp? NewsID=19677&x Action=xReadNews）

3. 有机农产品质量认证

有机农产品是根据有机农业原则和有机农产品生产方式及标准生产、加工出来的，并通过有机食品认证机构认证的农产品。

申请有机农产品认证时，需向认证中心提交《有机食品认证申请书》《有机食品认证调查表》以及《有机食品认证书面资料清单》要求的文件，提出正式申请；申请人按《有机产品》国家标准第4部分的要求，建立本合作社的质量管理体系、质量保证体系的技术措施和质量信息追踪及处理体系。

有机农产品认证流程如图8-11所示，质量管理体系认证和环境管理体系认证书如图8-12所示，有机转换产品认证书和有机产品标示如图8-13所示。

（二）资料准备

（1）利用现有的图书馆或资料室以及报纸杂志，查找有关农产品安全与认证方面的信息资料；

（2）利用现有的电脑、网站、WiFi等网络环境条件，查找有关无公害农产品认

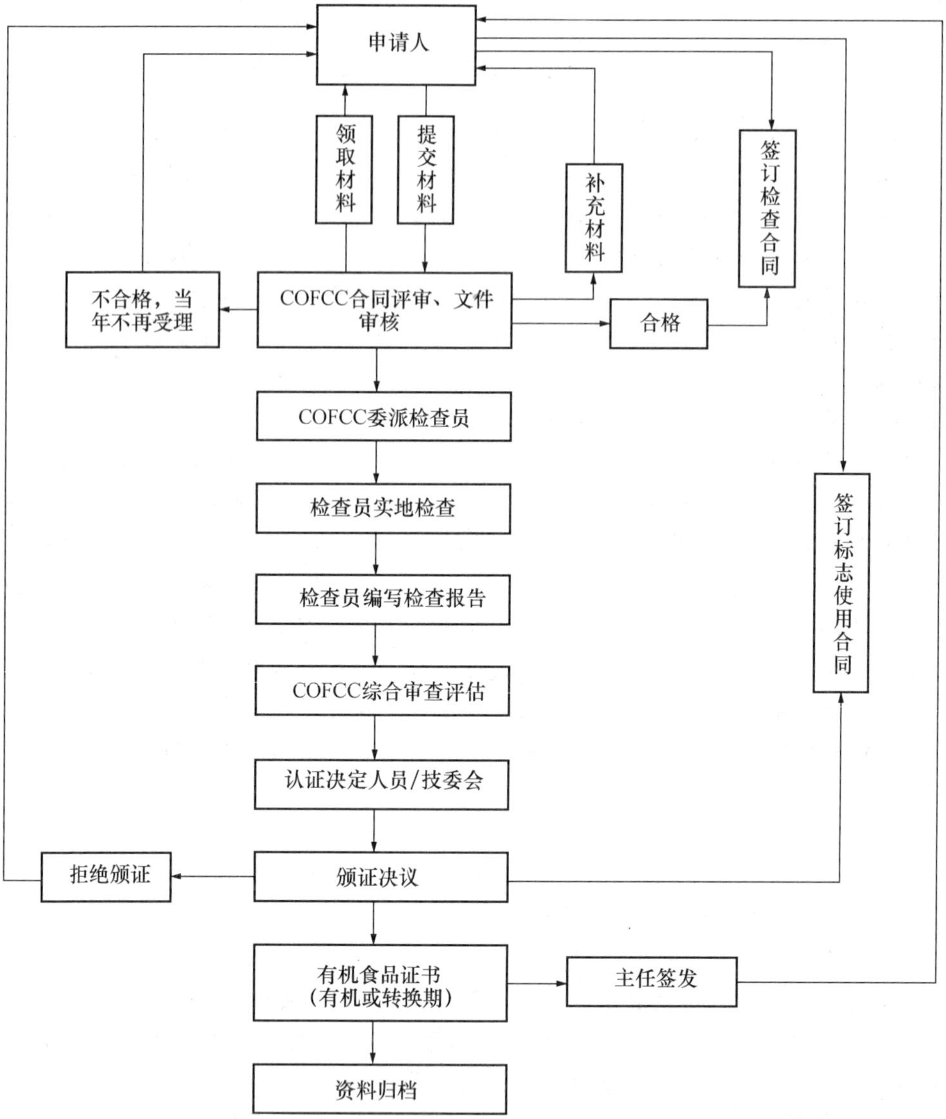

图 8-11　有机农产品认证流程

证、绿色食品认证和有机农产品认证的信息资料；

(3)通过网络，查找合作社如何进行无公害农产品认证、绿色食品认证和有机农产品认证；

(4)教师准备有关我国无公害农产品认证、绿色食品认证和有机农产品认证的

图 8-12　质量管理体系认证和环境管理体系认证书

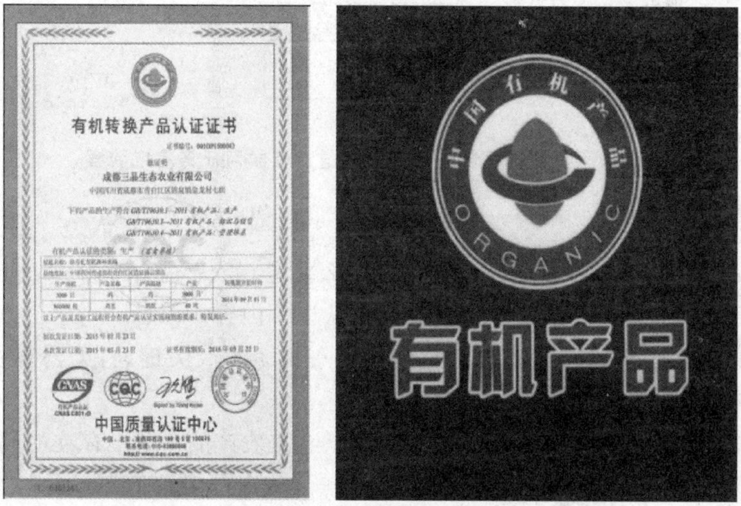

图 8-13　有机转换产品认证书和有机产品标示

相关资料。

如何设计和实施学习任务？

二、项目设计与实施

【项目设计】(图 8-14)

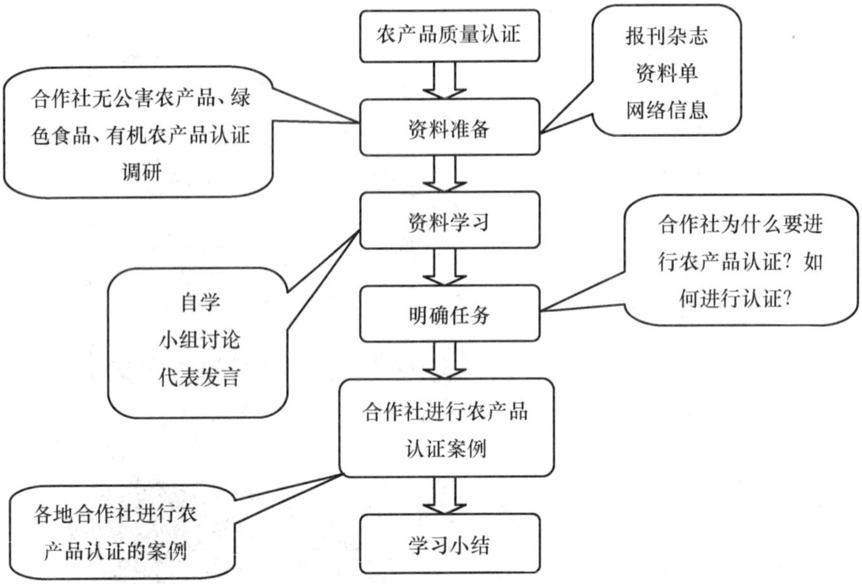

图 8-14 实施农民合作社产品质量认证学习任务完成流程

【项目实施】

(1)安排学生课前预习有关合作社为什么要进行农产品认证？如何进行无公害农产品认证、绿色食品认证和有机农产品认证等内容。

(2)在教师的指导下，通过多种信息渠道查询资料。关键词：无公害农产品认证、绿色食品认证和有机农产品认证。

(3)分组调查当无公害农产品、绿色食品、有机农产品认证中存在的问题，提出推动当地无公害农产品、绿色食品和有机农产品认证的对策何建议？每组写出一份调查报告。

(4)每人写一份学习收获，小组讨论，用集体的智慧完成一份较好的学习收获体会。

(5)每组选一个代表，在全班讲解小组的学习路径、学习收获，组员补充收获的内容。

(6)教师组织发动全班同学讨论、评价各小组的学习情况，达到全班同学共享学习资源和收获体会，巩固所学的知识内容。

三、学习拓展

(一)绿色食品标志使用人权利和义务

1. 标志使用人在证书有效期内享有下列权利

(1)在获证产品及其包装、标签、说明书上使用绿色食品标志；

(2)在获证产品的广告宣传、展览展销等市场营销活动中使用绿色食品标志；

(3)在农产品生产基地建设、农业标准化生产、产业化经营、农产品市场营销等方面优先享受相关扶持政策。

2. 标志使用人在证书有效期内应当履行下列义务

(1)严格执行绿色食品标准，保持绿色食品产地环境和产品质量稳定可靠；

(2)遵守标志使用合同及相关规定，规范使用绿色食品标志；

(3)积极配合县级以上人民政府农业行政主管部门的监督检查及其所属绿色食品工作机构的跟踪检查。

在证书有效期内，标志使用人的单位名称、产品名称、产品商标等发生变化的，应当经省级工作机构审核后向中国绿色食品发展中心申请办理变更手续。

(二)有机食品标志的管理

有机食品标志的申请人应当遵守以下规定：

(1)建立标志使用和管理制度，对标志的使用情况如实记录存档；

(2)保证使用标志的产品符合认证要求；

(3)只在证书所限定的产品上加贴标志；

(4)在广告、产品介绍等宣传材料中正确地使用认证标志，不得利用认证标志误导、欺诈消费者；

(5)接受中心对标志使用情况的监督检查。

四、评价反馈

评价反馈过程和内容见附件。

项目九　实施农民合作社营销

【项目目标】

完成本项目学习后，你应该能

1. 能运用 STP 策略，为合作社做好细分市场、目标市场选择和定位工作

2. 灵活运用产品策略、价格策略、分销渠道策略和促销策略，有效开展合作社营销活动

3. 从品牌建设的着眼点入手，开展农民合作社品牌建设

【引导案例】

青岛顺科蛋鸡产销专业合作社 STP 策略

青岛顺科蛋鸡产销专业合作社成立于 2007 年 7 月，是平度市第一个注册登记的农民专业合作社。顺科蛋鸡产销合作社成立后，面对庞大的市场，如何找到自己的市场？该合作社把生产和提供“安全放心鸡蛋”作为基本出发点，以标准化、生态化作为基本着眼点，并进行了市场细分上：首先，从产品的使用对象开始细分，分别为适合婴幼儿(3 岁以下)、儿童及青少年(3～16 周岁)、成年人(16～30)岁、中年人(30～50)岁、老年人(50 岁以上)五项，因为不同年龄层次的人对于硒元素的需求不同；第二，从产品的种类细分，富硒鸡蛋、粉壳蛋、白壳蛋、褐壳蛋、绿壳蛋、山鸡蛋、土鸡蛋、乌鸡蛋等高营养、绿色系列产品。值得一提的是“顺科”富硒鸡蛋，其是以蛋鸡为载体，饲料中加入黄粉虫及桑叶、党参、大青叶、黄芪等名贵中药材，通过蛋鸡自身的富集功能，有机硒自动运输机制通过肠壁被机体吸收利用，吸收率高达

80%以上,大大提升了蛋鸡的血硒浓度。而食用高硒蛋具有延缓衰老,提高免疫力,防治心绞痛、心肌梗塞、脑血栓、抗癌等作用,富硒鸡蛋主要定位是高端中老年人消费群体,多年来一直供不应求。

(资料来源:http://blog.sina.com.cn/s/blogc2b0dd7e010192nr.html)

案例点评:面对庞大的市场,如何找到自己的市场?合作社市场定位的关键是要设法在自己的产品上找出比竞争者更具有竞争优势的特性。竞争优势一般有两种基本类型:一是价格竞争优势,就是在同样的条件下比竞争者定出更低的价格。这就要求合作社采取一切努力来降低单位成本。二是偏好竞争优势,即能提供确定的特色来满足顾客的特定偏好。青岛顺科蛋鸡产销专业合作社通过提供各种特色的鸡蛋来满足顾客的偏好,并采取多种措施打造特色产品,以优质价廉的产品进入了高端市场。

任务1 实施合作社的STP策略

一、学习准备

合作社如何实施STP策略?

(一)知识准备

“STP”分别为市场细分、目标市场和市场定位的英文单词缩写。STP策略是指在一定的市场细分的基础上,确定自己的目标市场,最后把产品或服务定位在目标市场中的确定位置上。STP策略是现代市场营销战略的核心。

1. 市场细分

市场细分是通过市场调研,依据消费者的需要和欲望、购买行为和购买习惯等方面的差异,把某一产品的市场整体划分为若干消费者群的市场分类过程。每一个消费者群就是一个细分市场,每一个细分市场都是具有类似需求倾向的消费者构成的群体。合作社市场细分主要步骤如图9-1、图9-2所示。

(1)选定产品市场范围。合作社根据自身的经营条件和经营能力确定进入市场的范围,如生产什么产品,提供什么服务?

(2)列举潜在顾客需求。可从地理、人口、心理等方面列出影响产品市场需求和顾客购买行为的各项变数(图9-3)。

(3)分析潜在顾客需求,初步划分市场。对不同的潜在顾客的需求变数进行评

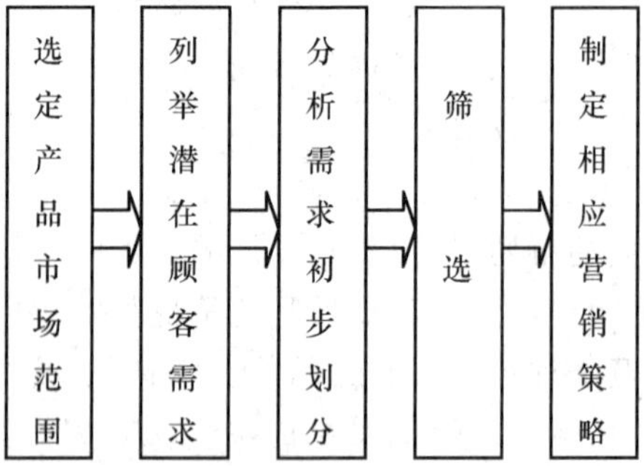

图 9-1 农产品市场细分主要步骤

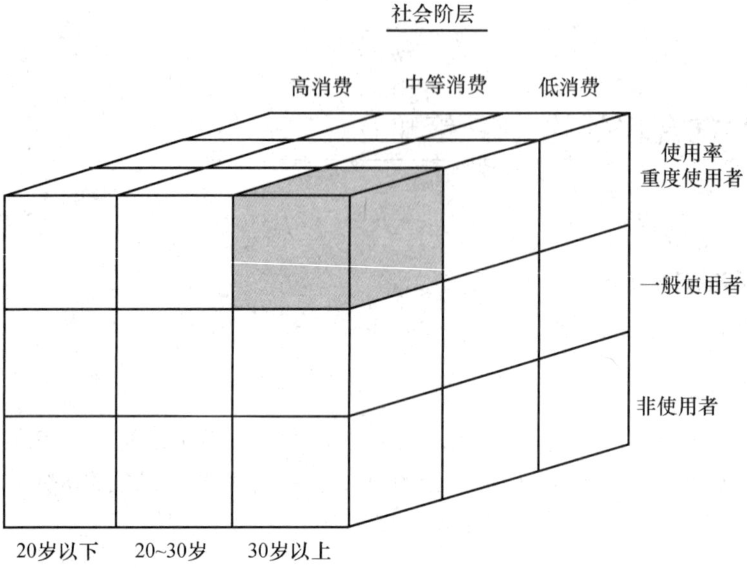

图 9-2 农产品市场初步细分

价，了解顾客的共同需求，然后初步划分出一些差异最大的细分市场。

(4)筛选。根据有效市场细分的条件，对所有细分市场进行分析研究，剔除不合要求、无用的细分市场。

(5)制定相应营销策略。调查、分析、评估各细分市场，最终确定可进入的细分市场，并制定相应的营销策略。

2. 选择目标市场

选择目标市场就是在市场细分的基础上，对各细分市场进行评估，根据细分市

细分标准	细分变量因素
地理环境	区域、地形、气候、城镇规模、交通运输条件、人口密度等
人口状况	年龄、性别、家庭人口、家庭收入、职业、教育、文化水平、信仰、种族、国籍、家庭生命周期等
消费者心理	生活方式、社交、态度、自主能力、服从能力、领导能力、成就感
购买行为	购买动机、购买状况、使用习惯、对市场营销因素的感受程度

图 9-3　农产品市场细分变量

场的市场潜力、竞争状况和合作社资源条件以及外部环境的变化等多种因素，决定合作社在要进入的市场。合作社选择的目标市场应该满足以下条件：有一定规模和发展潜力；细分市场结构的吸引力；符合合作社目标和能力。

3. 市场定位

市合作社市场定位的主要任务就是在市场上，让你的合作社、产品与竞争者的有所不同。要让消费者从心里记住你的合作社，合作社要做好以下工作：确立产品的特色；树立市场形象；巩固市场形象。

(二)资料准备

(1)利用现有的图书馆或资料室以及报纸杂志，查找有关合作社市场细分、目标市场选择以及合作社市场定位概念、含义的信息资料；

(2)利用现有的电脑、网站、WiFi 等网络环境条件，查找有有关合作社市场细分、目标市场选择以及合作社市场定位步骤、方法的信息资料；

(3)通过网络，查找合作社实施 STP 策略案例资料；

(4)通过实地参观、调查，合作社如何进行制定和实施 STP 策略的；

(5)教师准备关合作社市场细分、目标市场选择以及合作社市场定位方面的信息资料。

如何设计和实施学习任务？

二、项目设计与实施

【项目设计】(图 9-4)

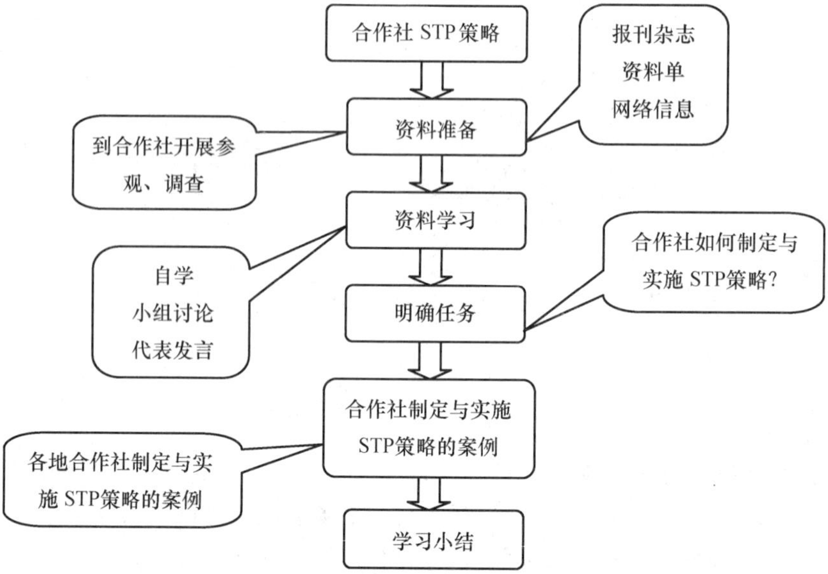

图 9-4 实施合作社的 STP 策略学习任务完成流程

【项目实施】

(1)安排学生课前预习有关合作社为什么要制定与实施 STP 策略？如何制定与实施 STP 策略等内容。

(2)在教师的指导下,通过多种信息渠道查询资料。关键词有:合作社、市场细分、目标市场、市场定位。

(3)教师指导学生到当地合作社参观调查,结合查找的相关资料,每人写一份当地合作社实施 STP 策略的调查报告。

(4)小组讨论,用集体的智慧完成一份较好的学习收获体会。

(5)每组选一个代表,在全班讲解小组的学习路径、学习收获,组员补充收获的内容。

(6)教师组织发动全班同学讨论、评价各小组的学习情况,达到全班同学共享学习资源和收获体会,巩固所学的知识内容。

三、学习拓展

(一)有效市场细分的基本原则

有效的市场细分应遵循以下基本原则：

1. 可衡量性原则

可衡量性指细分的市场是可以识别和衡量的，即细分出来的市场不仅目标明确，而且对其容量大小也能大致做出判断。有些细分变量，如具有“依赖心理”的青年人，在实际中是很难测量的，以此为依据细分市场就不一定有意义。

2. 可进入性原则

可进入性指细分出来的市场应是合作社营销活动能够抵达的，亦即是合作社通过努力能够使产品进入并对顾客施力影响的市场。一方面，有关产品的信息能够通过一定媒体顺利传递给该市场的大多数消费者。另一方面，合作社在一定时期内有可能将产品通过一定的分销渠道运送到该市场。否则，该细分市场价值就不大。

3. 有效性原则

有效性指细分出来的市场规模要足以使合作社获利。进行市场细分时，合作社必须考虑细分市场上顾客的数量，以及他们的购买能力和购买产频率。如果细分市场的规模过小，市场容量太小，细分工作烦琐，成本耗费大，获利小，就不值得去细分。

4. 差异性原则

差异性指各细分市场的消费者对同一市场营销组合方案会有差异性反应，或者说对营销组合方案的变动，不同细分市场会有不同的反应。对于细分出来的市场，合作社应当分别制定出独立的营销方案。如果无法制定出这样的方案，或其中某几个细分市场采用不同的营销方案不会有大的差异性反应，便不必进行市场细分。

5. 相对稳定性原则

相对稳定性指细分后的市场有相对应的时间稳定。细分后的市场能否在一定时间内保持相对稳定，直接关系到合作社生产营销的稳定性。

(二)合作社市场定位原则

各个合作社经营的产品不同，面对的顾客也不同，所处的竞争环境也不同，因而市场定位所依据的原则也不同。总的来讲，市场定位所依据的原则有以下四点：

(1)根据具体的产品特点定位。构成产品内在特色的许多因素都可以作为市场定位所依据的原则。比如所含成分、材料、质量、价格等。

(2)根据特定的使用场合及用途定位。为老产品找到一种新用途,是为该产品创造新的市场定位的好方法。

(3)根据顾客得到的利益定位。产品提供给顾客的利益是顾客最能切实体验到的,也可以用作定位的依据。

(4)根据使用者类型定位。合作社常常试图将其产品指向某一类特定的使用者,以便根据这些顾客的看法塑造恰当的形象。

事实上,许多合作社进行市场定位的依据往往不止一个,而是多个依据同时使用。因为要体现合作社及其产品的形象,市场定位必须是多维度的、多侧面的。

任务2 实施合作社营销组合策略

一、学习准备

合作社如何实施营销组合?

(一)知识准备

营销组合就是合作社针对目标市场的需要,综合考虑环境、能力、竞争状况,对自己可控制的各种营销因素(产品、价格、分销、促销等)进行优化组合和综合运用,使之协调配合,扬长避短,发挥优势,以取得更好的经济效益和社会效益。

1. 合作社产品策略

合作社的一切生产经营活动都是围绕着产品进行的,合作社提供的产品应从整体产品(图9-5)考虑。合作社产品策略主要有:

(1)产品组合策略。产品组合策略就是合作社针对市场的变化,调整现有产品结构,从而寻求和保持产品结构最优化。具体可以有扩展产品经营范围,增加新的产品项目。

(2)新产品开发策略。新产品开发策略就是通过改进合作社原有产品或增加新产品而达到扩大销售的目的。

(3)产品生命周期策略。产品从投入市场到最终退出市场的全过程一般经历产品的导入期、成长期、成熟期和衰退期四个阶段。

在产品导入期,合作社可以有四种做法:一是以高价格和高促销费用推出新产品,以便先声夺人,迅速占领市场;二是以高价格、低促销费用来推出新产品;三是

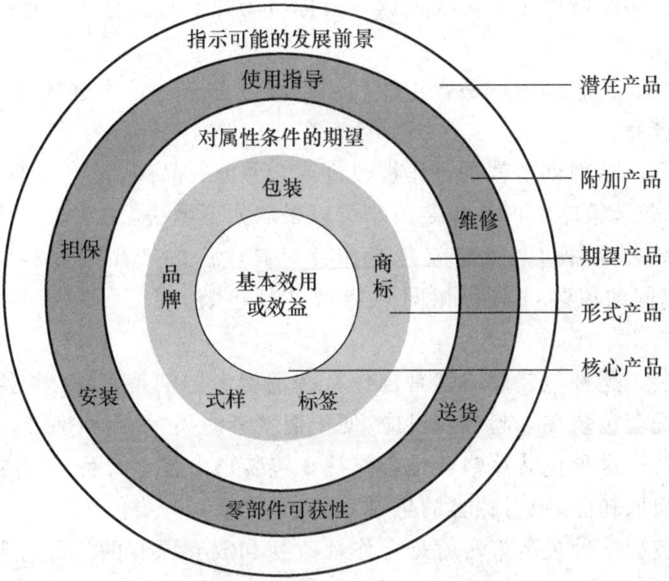

图 9-5　整体产品的五个层次

以低价格和高促销费用来大力推出新产品；四是以低价格和低促销费用推出新产品。

在产品成长期，合作社可考虑采用如下策略：一是提高产品质量；二是开拓新市场；三是树立产品形象；四是增强销售渠道功效；五是选择适当时机降低价格，即可吸引更多消费者，又可打击竞争者。

在产品成熟期，对于实力不很雄厚或产品优势不大的合作社，可采用通过实行优惠价格、优质服务等，尽可能长期地保持现有市场；对于无力竞争的产品，也可采用提前淘汰这种产品，以集中力量开发新产品，求东山再起；如合作社实力雄厚，产品仍有相当竞争力，则应积极采取产品改革、市场再开发、营销因素重组。

在产品衰退期，合作社采取的策略往往有：一是把合作社的资源集中使用在最有利的细分市场，最有效的销售渠道和最易销售的品种上；二是继续保持原有的细分市场，沿用过去的营销组合策略，将销售量维持在一定水平上，待到时机合适，再退出市场；三是应当果断及早地停止生产，致力于新产品的开发。

(4)品牌策略。品牌策略是指合作社合理、有效地使用品牌或商标，以达到合作社的营销目标。具体有如下做法：

统一品牌。统一品牌就是合作社将经营的所有系列产品使用同一品牌的策略。

多品牌。多品牌就是合作社根据各目标市场的不同利益分别使用不同品牌的策略。

扩展品牌。扩展品牌就是合作社利用市场上已有一定声誉的品牌,推出改进型产品或新产品。

品牌创新。品牌创新就是合作社改进或合并原有品牌,设立新的品牌。

(5)产品包装策略。产品包装策略可以采取如下做法:

类似包装。这种包装策略就是合作社对其生产的产品采用相同的图案、近似的色彩、相同的包装材料和相同的造型进行包装,便于顾客识别出本合作社产品。

配套包装。这种包装策略就是合作社按消费者的消费习惯,将多种有关联的合作社产品配套包装在一起成套供应,便于消费者购买、使用和携带。

附赠包装。这种包装策略就是合作社在包装物内装有赠品、奖券或实物,或包装本身可以换取礼品,吸引顾客的惠顾效应,导致重复购买。

改变包装。这种包装策略就是合作社改变和放弃原有的产品包装,改用新的包装。

复用包装。这种包装策略就是合作社为了节省包装材料或刺激消费者需求,采用重复的或转作他用的包装。

开窗式包装。这种包装策略就是合作社在包装物上留有“窗口”,让消费者通过“窗口”来直接认识和了解产品,其目的在于直接让消费者体会、认识产品的品质。

联带式包装。这种包装策略是合作社将具有消费联带性的产品包装在一起,其目的在于给消费者以便利感和整体感。

分量式包装。这种包装策略就是合作社对产品采用重量、大小不同的包装,或对一些价格较贵的产品和新产品,实行小包装。

等级式包装。这种包装策略是合作社为了区别不同产品的不同质量,按其产品的等级采用相应的包装。

情趣式包装。这种包装策略是合作社进行包装时追求包装造型、色彩、图案的艺术感,通过包装的造型、色彩等来赋予一定的象征意义,其目的在于激发消费者的情感,使消费者产生联想。

年龄式包装。这种包装策略是合作社按年龄段设计产品相应的包装,亦即包装采用年龄的造型、图案、色彩等,其目的在于满足不同年龄消费者的需要。

礼品式包装。这种包装策略是合作社从满足消费者心里需要出发,将产品包装华丽,富有欢乐色彩,包装物上常冠以“福”、“禄”、“寿”、“喜”、“如意”等字样及问候语,其目的在于增添节日气氛和欢乐,满足人们交往、礼仪之需要,借物寓情,以情达意(图 9-6)。

图 9-6 台湾大米包装

2. 合作社定价策略

合作社可以采取的定价策略主要有:

(1)产品组合定价。产品组合定价主要的策略有:合作社为追求整体收益的最大化,为同一产品线中不同的产品制定高低不等的价格;合作社可以为主要产品(价值量高的产品)制定较低的价格,而为附属产品(价值量较低的)制定较高的加成,这样有利于整体销量的增加,增加合作社利润;合作社为鼓励消费者购买,使成套购买的价格低于单独购买其中每一产品的费用总和。

(2)心理定价。心理定价是利用消费者不同的消费心理而定价,以引导和刺激购买的价格策略。例如:对一些名牌产品制定大大高于其他同类产品的价格;对于一般大路产品制定带有零头的价格(图 9-7);对消费者不太容易把握质量的产品制定实行整数价格。

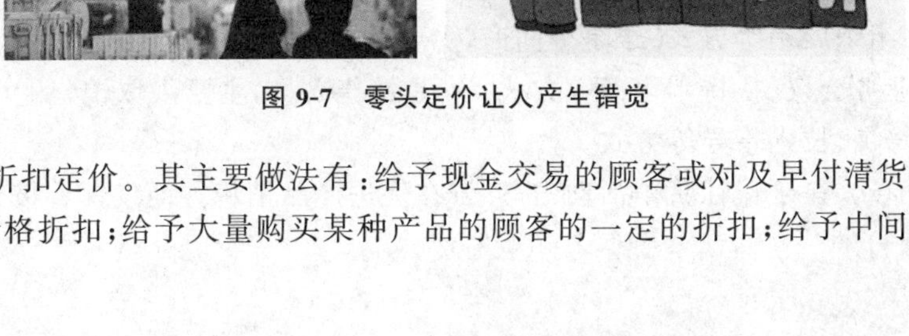

图 9-7 零头定价让人产生错觉

(3)折扣定价。其主要做法有:给予现金交易的顾客或对及早付清货款的顾客一定的价格折扣;给予大量购买某种产品的顾客的一定的折扣;给予中间商额外的折扣,使中间商可以获得低于目录价格的价格;给予淡季购买的顾客一定价格减让;为扩大产品销路,生产合作社向中间商提供促销津贴。

(4)新产品定价。常见的新产品定价策略主要有:一是在产品生命周期的最初阶段,把产品的价格定得很高,以攫取最大利润;二是合作社把其创新产品的价格定得相对较低,以吸引大量顾客,提高市场占有率。

(5)地区定价。地区定价具体有五种方法:一是以产地价格为交货价格,运杂费和运输风险全部由买方承担;二是对不同地区的顾客实行统一的价格,即按出厂价加平均运费制定统一交货价;三是把销售市场划分为远近不同的区域,各区域因运距差异而实行不同的价格,同区域内实行统一价格;四是在产品销售的地理范围内选择某些城市作为定价基点,然后按照产地价加上基点城市到顾客所在地的运费来定价。

3. 合作社促销策略

合作社促销策略主要有:

(1)人员推销策略。合作社通建立自己的销售队伍、使用专业合同推销员和雇佣兼职的销售推销员来推销产品。

(2)公共关系策略。即合作社通过采用内部刊物、发布新闻、举办记者招待会、设计公众活动、制造新闻事件和散发宣传材料等公共关系方式促销。

(3)营业推广。即合作社通过运用广告、人员推销、公共关系以外的各种短期诱因,在特定的市场范围内,刺激需求和鼓励购买的沟通活动(图 9-8)。

图 9-8 合作社营业推广方式

合作社营业推广的对象:一是消费者,主要采用赠送、优惠券、廉价包装、奖励、现场示范、组织展销等方式;二是中间商,主要采取批发回扣、推广津贴、销售竞赛、交易会或业务会议、扶持零售商等方式;三是销售人员,主要采取销售竞赛和免费提供人员培训、技术指导等方式。

(4)广告。在合作社营销活动中,广告在促进产品销售方面发挥着极其重要的作用(图 9-9)。

4. 合作社分销渠道策略

分销渠道是指合作社产品从生产者向消费者转移过程中，取得这种产品的所有权或帮助所有权转移的所有企业和个人。分销渠道的起点是生产者，终点是消费者或者用户（图 9-10）。合作社分销渠道策略主要有：

图 9-9　巨型农产品广告牌

（1）直接渠道或间接渠道的营销策略。直接分销渠道策略就是合作社将其产品直接供应给消费者或用户，没有中间商介入。具体方式主要有订购分销、自开门市部销售和联营分销。间接分销渠道策略就是合作社利用中间商将其产品供应给消费者或用户。具体方式有特约经销、零售商或批发商直接从合作社进货、中间商为合作社举办各种展销会等。

农产品营销渠道流程

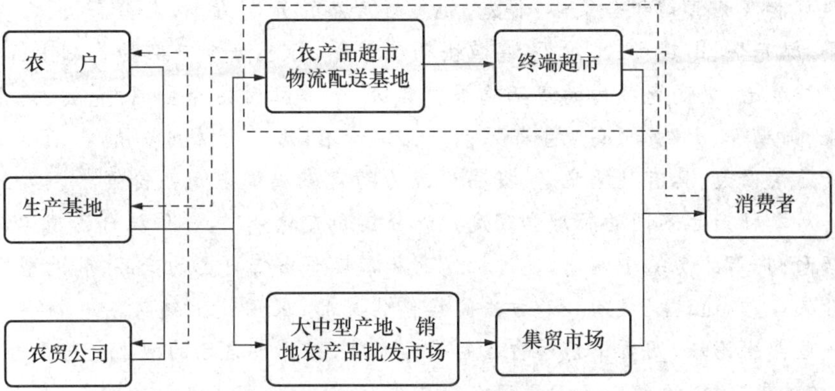

图中，实线表示实体分销、资金流动；虚线表示信息/市场反馈

图 9-10　合作社分销渠道

（2）长渠道或短渠道的营销策略。长渠道策略是合作社经过两道或两道以上的中间环节，把产品销售给消费者。短渠道策略是合作社产品直接到达消费者或只经过一道中间环节的渠道。

（3）宽渠道或窄渠道的营销策略。宽渠道策略是指合作社同时选择两个以上的同类中间商销售产品。窄渠道策略指合作社在一地区或某一产品分类中只选择一个中间商销售产品的渠道。

（4）单一营销渠道和多营销渠道策略。当合作社全部产品都由自己直接所设的门市部销售，或全部交给批发商经销，称之为单渠道策略。多渠道则可能是在本地区采用直接渠道，在外地则采用间接渠道；在有些地区独家经销，在另一些地区多家分销；对消费品市场用长渠道，对生产资料市场则采用短渠道等。

(5)传统营销渠道和垂直营销渠道策略。传统营销渠道策略是建立在传统传播与交易工具的基础上的。与之相对的是现代营销渠道，包括以电子商务为主要模式的网络营销渠道、电视购物营销渠道等。

【阅读小案例】

青岛顺科蛋鸡产销专业合作社营销策略组合

青岛顺科蛋鸡产销专业合作社在发展过程中采用STP战略获得成功的同时，积极设计和实施营销组合策略：首先，加大新产品的开发力度，在粉壳蛋、白壳蛋、褐壳蛋、绿壳蛋、山鸡蛋、土鸡蛋、乌鸡蛋等高营养、绿色系列产品的基础上开发了具有延缓衰老、提高免疫力的富硒鸡蛋。其次，合作社对粉壳蛋、白壳蛋、褐壳蛋、绿壳蛋、山鸡蛋、土鸡蛋、乌鸡蛋等系列产品定价不高，采用薄利多销，占领市场，而对市场前景很大，具有延缓衰老、提高免疫力的富硒鸡蛋采用高价策略。第三，合作社针对本社产品不同的长度和宽度广泛分销和直觉分销：合作社自己销售，创办品牌店面；将产品卖给中间商，通过批发商和零售商出售自己的产品；和大型广场、商店开展合作，通过提成回扣的方法间接销售产品；采用线上销售，在天猫和淘宝以及一些养生论坛，网页中植入自己的产品品牌，并开设自己的网上交易平台。第四，找广告代理商，报纸以及互联网发出广告，给消费者留下良好的印象；在人流量密集的广场和大型商场举办活动，现场进行人员推销，介绍产品的功效并注重收集客户体验，做市场调查。经过多年的实践，青岛顺科蛋鸡产销专业合作社提高了产品的知名度，树立了良好的品牌形象，并收到了很好的经济效益和社会效益。

(资料来源：http://www.docin.com/p-677457767.html)

(二)资料准备

(1)利用现有的图书馆或资料室以及报纸杂志，查找有关合作社营销组合策略的信息资料；

(2)利用现有的电脑、网站、WiFi等网络环境条件，查找有有关合作社产品策略、合作社定价策略、合作社促销策略和合作社分销策略方面的信息资料；

(3)通过网络，查找合作社如何进行制定和实施营销策略的案例资料；

(4)教师准备关合作社产品策略、合作社定价策略、合作社促销策略和合作社分销策略方面的文章资料。

如何设计和实施学习任务？

二、项目设计与实施

【项目设计】(图 9-11)

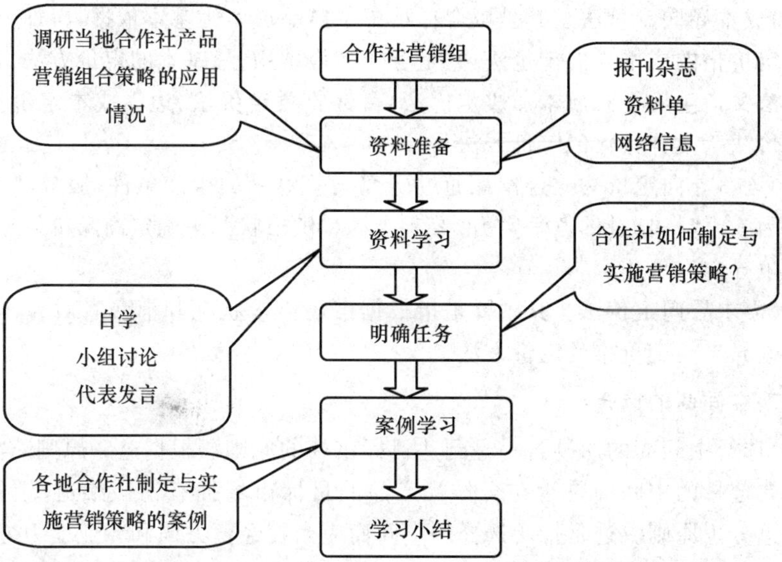

图 9-11 实施合作社营销组合策略学习任务完成流程

【项目实施】

(1)安排学生课前预习有关合作社为什么要制定与实施营销策略？如何制定与实施营销策略等内容。

(2)在教师的指导下,通过多种信息渠道查询资料。关键词有:合作社产品策略、合作社定价策略、合作社促销策略、合作社分销策略,汇总查找的相关资料。

(3)教师指导学员深入当地农民合作社,调查合作社都应用了哪些营销组合策略,还可以采用哪些营销组合策略?

(4)在每人写学习收获的基础上,小组讨论,用集体的智慧完成一份较好的学习收获体会。

(5)每组选一个代表,在全班讲解小组的学习路径、学习收获,组员补充收获的内容。

(6)教师组织发动全班同学讨论、评价各小组的学习情况,达到全班同学共享学习资源和收获体会,巩固所学的知识内容。

三、学习拓展

(一)合作社产品定价方法

(1)成本导向定价法。其是以合作社单位产品成本为基本依据,再加上预期利润来确定价格的成本导向定价法,它是合作社最常用、最基本的定价方法。成本导向定价法又衍生出了总成本加成定价法、目标收益定价法、边际成本定价法、盈亏平衡定价法等几种具体的定价方法。

(2)竞争导向定价法。合作社通过研究竞争对手的生产条件、服务状况、价格水平等因素,依据自身的竞争实力,参考成本和供求状况来确定商品价格法的方法就是竞争导向定价法。

(3)需求导向定价法。其主要是指根据市场需求状况和消费者对合作社产品的感觉差异来确定价格的定价方法。

(二)中间商的选择

(1)选择中间商的原则。一是到达目标市场的原则。根据这一原则,合作社应了解所要选择的中间商是否在合作社产品的目标市场拥有销售渠道,销售场所。二是角色分工原则。这是指所选择的中间商应当在经营方向和专业能力方面符合所建立的分销渠道功能的要求。三是共同愿望原则。在选择中间商时,要分析中间商参与有关商品分销的意愿,以及与其他渠道成员合作态度等。

(2)选择中间商的条件。一是中间商的市场范围;二是中间商的产品政策;三是中间商的地理区位优势;四是中间商的商品知识;五是预期合作程度;六是中间商的财务状况及管理水平;七是中间商的促销政策和技术;八是中间商的综合服务能力。

任务3　建立农民合作社品牌

一、学习准备

如何建立农民合作社品牌?

(一)知识准备

合作社品牌就是合作社在其农产品或农业服务项目上使用的用以区别其他同

类和类似农产品或农业服务的名称及其标志。合作社品牌的建立主要通过建立农产品品质的差异性、注册农产品商标、形成名牌、打造品牌四个方面实施。

1. 建立农产品品质的差异性

建立农产品品质的差异性的做法有：品种优化；生产区域优化(图 9-12)；生产方式优化；营销方式优化。

图 9-12　阳澄湖大闸蟹

2. 注册农产品商标

农产品商标更多体现在证明商标和集体商标。

(1)证明商标是一种比较特殊的商标，即由对某种商品或服务具有检测和监督能力的组织所控制，而由其以外的人使用在商品或服务上，以证明商品或服务的产地、原料、制造方法、质量、精确度或其他特定品质的商标。证明商标又可以分为品质证明商标和地理标志商标(图 9-13)。

图 9-13　地理标志商标

注册农产品证明商标需要准备以下资料：《商标注册申请书；证明商标使用管理规则；证明商标申请人主体资格证明文件及复印件，或者加盖申请人印章的有效复印件，并应当详细说明其所具有的或者其委托的机构具有的专业技术人员、专业检测设备等情况，以表明其具有监督该证明商标所证明的特定商品品质的能力。此外，须提交商标代理委托书。

(2)集体商标是指以团体、协会或者其他组织名义注册，专供该组织成员在商事活动中使用,以表明使用者在该组织中的成员资格的标志(图 9-14)。

图 9-14　集体商标

注册农产品集体商标需要准备以下资料:《商标注册申请书》、集体商标使用管理规则、集体成员名单、集体商标申请人主体资格证明文件及复印件,或者加盖申请人印章的有效复印件。同样须提交商标代理委托书。

3. 形成名牌

名牌是指消费者对某一享有较高声誉、在较大范围内拥有一定知名度及市场销售率的品牌或商标的习惯性称呼。形成名牌需要具备以下条件:一是质量,农产品质量要符合保障人的健康、安全要求;二是特色;三是合法诚信经营;四是农产品文化内涵;五是农产品品牌推广(图 9-15)。

图 9-15　著名农产品品牌

4. 打造农产品品牌

农产品品牌的培育与经营,应从品牌定位、形象塑造与传播、优势创新与质量提升、品牌整合与规模扩张三个方面来进行。

(1)品牌定位、形象塑造与传播。品牌定位、形象塑造与传播是品牌塑造的核心。品牌定位是品牌形象塑造的基础,也是品牌建设的根本。不同类型的农产品应当采用不同的品牌定位策略。品牌形象塑造是合作社在市场定位和产品定位的基础上,对特定的品牌在文化取向及个性差异上的商业性决策,它是建立一个与目标市场有关的品牌形象的过程和结果。事实上,成功的农产品品牌形象塑造应该包括将塑造出来的品牌形象进行科学而广泛传播。

(2)质量提升与优势创新。质量提升需要按照农产品相关质量标准及认证体系要求组织生产，抓好各种从农田到餐桌良好操作规范等认证及评审和后续管理，全面夯实品牌质量基础工作；通过农产品“三品一标”认证，全面提升农产品生产管理水平和质量安全等级。优势创新包括产品的功能创新、产品设计创新、产品质量创新、产品形象创新和产品服务创新等方面。

(3)品牌整合与规模扩张。农产品品牌整合与规模扩张一是扶持龙头合作社，通过新建、扩建、购并、联合等方式，来实现农产品品牌的扩张，形成一批产业化基础好、辐射带动能力强、经济效益好、品牌信誉好的龙头合作社；二是发展产业集群，培育强势农产品区域品牌。农产品区域品牌与合作社农产品品牌相比，农产品区域品牌具有区域公共性特征，品牌为集体所有，该区域内的农产品都能使用该品牌。

【阅读小案例】

红遍全国的“六月红”

茂县六月红花椒专业合作社于2008年成立，是集花椒生产、加工、销售为一体的“全国农民专业合作社示范社”。近年来，合作社运用市场化理念与椒农“牵手”，建立了花椒价格保护、二次返利等机制，以可持续的经济效益实现了椒农“抱团”发展；积极开展“进城进店”市场拓展，充分运用世博会、农博会、西博会等展销平台，成功打开国内外市场，与国内外餐饮集团、火锅连锁店等建立了稳定合作关系；健全农产品质量信任机制，有800亩农产品可追溯标准化基地，形成了产销一体化的农产品质量安全可追溯信息网络。此后，“茂县六月红花椒”成功申报为国家地理标志保护产品；通过大力发展高附加值农产品，投资800余万元创办花椒油加工厂，按照国家QS质量安全认证体系进行管理，实现了全电脑数控的专业化、规模化、标准化生产。历时5年发展，合作社现有社员813户，覆盖全县12个乡镇，拥有绿色食品种植基地8个、面积1.58万亩，年销售花椒成品420吨、年加工处理花椒300吨、生产花椒调味油200吨，成为当前支撑茂县花椒产业的龙头专业组织，走出了产业市场化程度高、富民效益好的特色农业发展道路。

（资料来源：http://www.kib.ac.cn/kxcb/stnyzz/stgqqk/2010/201101/t20110104305396 8.html）

(二)资料准备

(1)利用现有的图书馆或资料室以及报纸杂志，查找有关农民合作社品牌建设的信息资料；

(2)利用现有的电脑、网站、WiFi 等网络环境条件，查找有关农产品品质的差异性、农产品商标的注册和保护、促进名牌形成、打造品牌的信息资料；

(3)通过网络，查找我国《商标法》关于商标注册的信息；

(4)教师准备关于农产品品质的差异性、农产品商标的注册和保护、促进名牌形成、打造品牌的相关文章。

如何设计和实施学习任务？

二、项目设计与实施

【项目设计】(图 9-16)

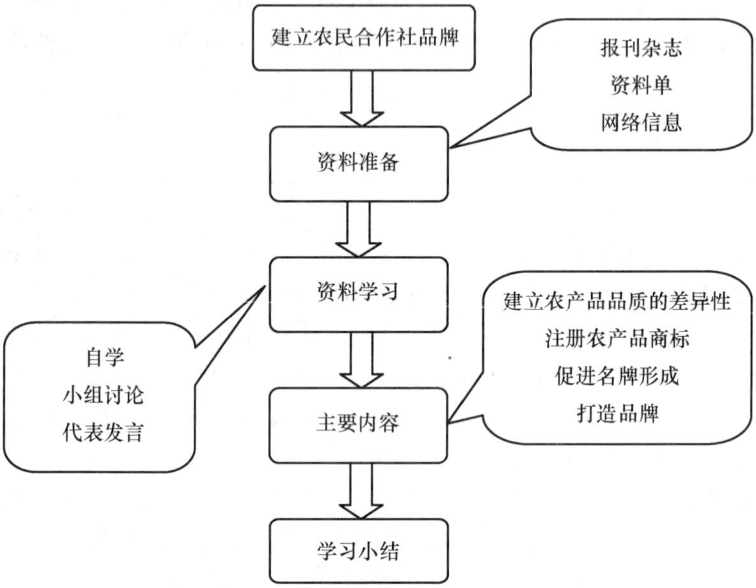

图 9-16 建立农民合作社品牌学习任务完成流程

【项目实施】

(1)安排学生课前预习建立农产品品质的差异性、农产品商标的注册和保护、促进名牌形成、打造品牌。

(2)在教师的指导下，通过多种信息渠道查询资料。关键词有：差异化、商标、品牌等，汇总查找的相关资料。

(3)每人写一份学习收获，小组讨论，用集体的智慧完成一份较好的学习收获体会。

(4)每组选一个代表,在全班讲解小组的学习路径、学习收获,组员补充收获的内容。

(5)教师组织发动全班同学讨论、评价各小组的学习情况,达到全班同学共享学习资源和收获体会,巩固所学的知识内容。

三、学习拓展

(一)合作社品牌产品营销典型形式

(1)合作社产、供、销综合服务形式。即合作社为社员提供农资购买、产品分级包装、品牌注册和产品联合销售服务。这是目前各类合作社较普遍采取的营销形式。

(2)合作社与加工龙头企业连接形式。即以合作社作为载体,通过合同、保护价收购等形式,与较大规模农产品加工企业建立稳定的产销关系。

(3)"社超对接"营销形式。即组织有一定规模和标准化生产、品牌建设基础条件的合作社直接与城市大中型超市签订协议,销售合作社产品。

(4)合作社设专营店直销形式。即组织合作社在营销环节联合起来,直接到城市社区开设专营店,直销合作社品牌产品。

(5)合作社联合社营销形式。

(6)农民专业合作社超市形式。即由数十个合作社联合起来开设"农民专业合作社超市",开拓市场,直销合作社品牌产品。

(7)合作社电子商务营销形式。即专业合作社通过网络营销品牌产品。目前,主要两种形式:

一是合作社自办网站。通过网络与客商进行产销对接,将产品销到国内外。二是网上联合社营销模式。

(二)保护农产品商标

出现下列行为之一,属侵犯注册商标专用权:

(1)未经商标注册人的许可,在同一种商品上使用与其注册商标相同的商标的;

(2)未经商标注册人的许可,在同一种商品上使用与其注册商标近似的商标,或者在类似商品上使用与其注册商标相同或者近似的商标,容易导致混淆的;

(3)销售侵犯注册商标专用权的商品的;

(4)伪造、擅自制造他人注册商标标识或者销售伪造、擅自制造的注册商标标识的;

(5)未经商标注册人同意,更换其注册商标并将该更换商标的商品又投入市场的;

(6)故意为侵犯他人商标专用权行为提供便利条件,帮助他人实施侵犯商标专用权行为的;

(7)给他人的注册商标专用权造成其他损害的。

四、评价反馈

评价反馈过程和内容见附件。

模块五　农民合作社财务与风险管理

项目十　管理农民合作社财务

项目十一　管理农民合作社风险

项目十　管理农民合作社财务

【项目目标】

完成本项目学习后，你应该能

1. 知道合作社的筹资渠道和资产管理内容
2. 制定合作社盈余分配制度并建立和管理好成员账户
3. 根据合作社生产运营的实际情况，掌握财务分析方法

【引导案例】

优秀合作社加强财务管理的主要做法

2013 年 8 月到 11 月，有关部门对章丘华宝蔬菜、小康金银花、鑫富泉薄壳核桃等 12 家市级以上示范合作社进行了调研，发现其成功的一个共同特点，就是严格财务管理、会计核算和收益分配。这些优秀合作社的主要做法有：建立科学的利益联结机制，增强合作社的凝聚力。章丘优秀合作社，都把成员共同受益作为重要内容，制定了符合实际、操作性强的章程，特别是对成员出资、财务管理、盈余分配等做出明确规定，为规范管理奠定了基础。比如，白云湖渔业专业合作社对参与盈余分配的经营项目做出明确规定，成员按照高于市场价一定比例向合作社销售生态甲鱼等产品获得直接收益之后，合作社的产品经营收入、经营饲料鱼药的收入，也用于盈余分红。再有，健全资金资产控制体系，由专业财会人员从事财务管理，规范账目，统一票据，严格程序；注重财务资料分析，培育新的盈利项目也是优秀合作社的共同之处。优秀合作社通过对资金、资产收益率等财务会计资料进行核算分析，能够调整经营方向，发展投入产出效益高的新项目。比如，辛寨大锤农机合

作社通过连续三年对不同环节农机作业投入产出效益的综合分析，经营范围由临时性单项农机作业，向土地耕、种、防、收全程机械化托管服务发展，在辛寨托管粮食作物 2.3 万亩。

（资料来源：http://szb.farmer.com.cn/nmrb/html/2014-01/11/nw.D110000nmrb 201401114-03.htm? div=-1）

案例点评：上述优秀合作社通过加强合作社财务管理，一方面，从源头上堵塞了生产经营漏洞，降低了成本；另一方面，通过规范管理，争取各级财政资金的投入；再一方面，通过加强财务管理，拓展了合作社的经营范围。

任务 1 筹措合作社资金与管理合作社资产

一、学习准备

农民合作社如何筹措资金与管理资产？

（一）知识准备

1. 筹措农民合作社资金

农民专业合作社的资金来源主要有成员出资、从合作社盈余中提取的公积金、国家扶持资金、他人捐赠资金、对外举债所取得的资金等（图 10-1）。

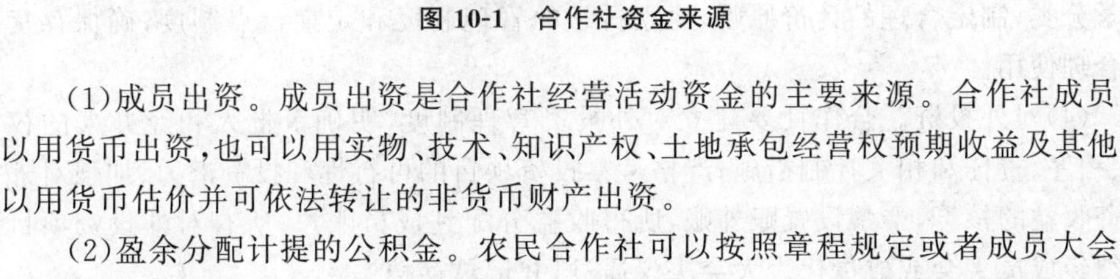

图 10-1 合作社资金来源

（1）成员出资。成员出资是合作社经营活动资金的主要来源。合作社成员可以用货币出资，也可以用实物、技术、知识产权、土地承包经营权预期收益及其他可以用货币估价并可依法转让的非货币财产出资。

（2）盈余分配计提的公积金。农民合作社可以按照章程规定或者成员大会决议从当年盈余中提取公积金。公积金用于弥补亏损，扩大生产经营或者转为成员出资。

(3)国家扶持的资金和他人捐赠的资金。合作社获得的国家财政扶持资金和他人捐赠资金所形成的财产部分,应当平均量化到每个成员账户,并可作为成员参与合作社可分配盈余的分配依据。捐赠有约定的,按照约定进行管理。

(4)对外举债资金。经成员大会或成员代表大会决议,农民合作社可以对外借债和向金融机构申请贷款。借款或贷款的决策程序,由合作社章程加以规定。

2. 管理农民合作社资产

农民专业合作社的资产包括货币资金、应收款项、存货、对外投资、农业资产、固定资产和无形资产(图 10-2)。

合作社资金管理制度

一、合作社必须在当地银行或其他金融机构开立帐户,并且只能在一家银行或其它金融机构开设现金结算户。

二、合作社库存现金的最高限额为2000元,用于日常零星支付和备用金的需要。

三、合作社向单位和个人收取现金时,必须手续完备,开具收款收据。收取的现金超过规定库存限额部分应及时送存开户行,现金支付时,必须取得合法的原始凭证。

四、合作社必须建立现金日记帐,逐笔序时登记,每日结帐核对,准确、及时反映现金的收付、结存和结余情况做到帐款相符。

五、为了加强现金管理,合作社在现金活动中,必须严格执行下列规定:

1、不准用不符合财务制度的凭证顶替库存现金,即"白条"抵库;

2、不准私自出借和转让银行帐户;

3、不准将银行帐户代其他单位和个人存入或支收;

4、不准将合作社收入的现金以个人名义进入储蓄;

5、不准设立"小金库",保留帐外公款;

6、不准"坐支"现金,即不得从单位和社员收入的现金中直接支付所需开支;

7、不准报销手续不完备、开支不合理的未经审批的发票;

8、不准公款私借;

9、不准将库存现金和私人现款混在一起。

六、合作社监事会应当定期或不定期地开展对现金的核对和清查,合作社现金管理要接受上级业务主管部门的监督和检查。

七、合作社及其管理人员违反现金管理规定的,要承担法律责任,按照国家有关规定,视情节轻重分别给予[illegible]、通报批评和罚款等处罚,直到追究刑事[illegible]

图 10-2 合作社资金管理制度

(1)货币资金。货币资金按照存放地点不同可以分为现金和银行存款。

现金管理方面,合作社要严格执行国家《现金管理条例》的规定,不能使用现金支付的业务,决不能使用现金;每天的现金收支余额要与现金库存数量相符,并与经营收入进行比对,现金收入大于库存现金最高限额时,要及时送存银行。

银行存款管理方面,除按规定留存必要的现金外,其余货币资金都要存入银行账户。在开展经营业务活动中,除符合使用现金支付的业务外,必须通过银行存款账户存款、取款和转账结算。

(2)应收款项。应收款项的管理重点在于确保应收款项的及时性和有效性;确保每一笔应收款项的入账、调整、冲销都有据可查,并经过授权审批;确保应收款项及收款的财务记录正确完整;保证折扣、折让经过审批;完整收取各项现金收入并保证其安全。

(3)存货。合作社存货包括各种材料、燃料、包装物、种子、化肥、农药、农产品和收获后加工而得的产品等。存货管理方面,要针对存货不同特点,加强对存货的科学分类,制定合理的计价原则,建立科学的管理制度和定期盘点制度,确保存货的合理使用。

(4)对外投资。合作社要建立对外投资管理制度,明确审批人和经办人的权限、程序、责任和相关控制措施;严格考察投资项目的可行性和投资潜力;加强对外投资收益的核算,严禁设置账外账,所得收益分配到成员账户;所有对外投资项目必须经成员大会或成员代表大会决议通过,并记录存档。

(5)农业资产。农业资产主要包括动物资产和植物资产。农业资产的管理重点在于确定资产的计价原则和计价方法。

(6)固定资产。固定资产管理重点要做好以下工作：一是科学分类，明确固定资产的用途；二是按照会计制度规定的计价原则和计价方法，准确确定固定资产的价值；三是建立固定资产折旧制度，采用适当方法，按照一定期限对固定资产提取折旧费用；四是制定固定资产的手法验收、保管、使用和维修保养等管理制度，明确岗位责任，组织人员定期对固定资产进行清查，做到账实相符。

(7)无形资产。无形资产主要包括专利权、商标权、非专利技术等。无形资产的管理重点是资产的计价和摊销。

(二)资料准备

(1)图书馆或资料室利用现有的图书馆或资料室以及报纸杂志，查找有关合作社财务管理方面的信息资料；

(2)利用现有的电脑、网站、WiFi 等网络环境条件，查找有关资产与负债、成本与费用、财务会计制度等方面的信息资料；

(3)教师准备的资料单：关于合作社筹资管理、资产管理的相关文章。

如何设计和实施学习任务？

二、项目设计与实施

【项目设计】(图 10-3)

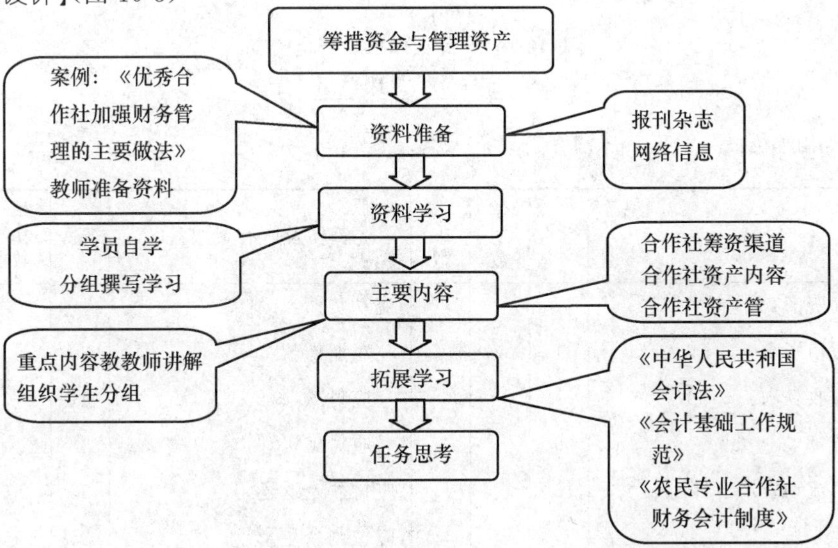

图 10-3　筹措合作社资金与管理合作社资产学习任务完成流程

【项目实施】

(1)安排学生课前通过图书馆、资料室、网络查找有关农民合作社筹资渠道、财务管理、资产与负债等相关材料。

(2)教师授课前准备农民合作社财务管理相关案例,教材中没有的,可以打印成学习清单,列出所需解决的问题,上课时发给学员,与书中案例相结合,完成资料的学习。

(3)在教师安排下对学员进行分组,每组结合所搜集资料讨论案例,并根据教师要求每组写出一份学习体会。

(4)每组学员选一名代表,讲解学习途径和讨论体会,其他组员做补充发言。

(5)教师对各组学习、纪律、协作精神方面进行评价,对主要内容进行总结,巩固所学的知识内容。

(6)教师指导学员学习知识拓展内容,重点就《中华人民共和国会计法》、《会计基础工作规范》和《农民专业合作社财务会计制度》三个方面的法律规定进行深入学习,拓宽学员的思路和视野,并布置任务思考题。

三、学习拓展

(一)农民合作社资产负债表

农民合作社资产负债表格式内容如下(表10-1):

表10-1 农民合作社资产负债表

______年______月______日

编制单位: 会农社01表

单位:元

资产	行次	年初数	年末数	负债及所有者权益	行次	年初数	年末数
流动资产:				流动负债:			
货币资金	1			短期借款	30		
应收款项	5			应付款项	31		
有货	6			应付工资	32		
流动资产合计	10			应付盈余返还	33		
				应付剩余盈余	35		
				流动负债合计	36		

续表 10-1

资　　产	行次	年初数	年末数	负债及所有者权益	行次	年初数	年末数
长期资产：							
对外投资	11						
农业资产：							
牲畜(禽)资产	12			长期负债：			
林木资产	13			长期借款	40		
农业资产合计	15			专项应付款	41		
固定资产：				长期负债合计	42		
固定资产原值	16			负债合计	43		
减：累计折旧	17						
固定资产净值	20			所有者权益：			
固定资产清理	21			股金	44		
在建工程	22			专项基金	45		
固定资产合计	25			资本公积	46		
其他资产：				盈余公积	47		
无形资产	27			未分配盈余	50		
长期资产合计	28			所有者权益合计	51		
资产合计	29			负债和所有者权益总计	54		

补充资料：

项　　目	金　　额
无法收回、尚未批准核销的应收款项	
盘亏、毁损和报废、尚未批准核销的存货	
无法收回、尚未批准核销的对外投资	
死亡毁损、尚未批准核销的农业资产	
盘亏、毁损和报废、尚未批准核销的固定资产	
毁损和报废、尚未批准核销的在建工程	
注销和无效、尚未批准核销的无形资产	

(二)农民合作社盈余分配表

农民合作社盈余及盈余分配表格式内容如下(表 10-2)：

表 10-2 农民合作社盈余分配表

编制单位： ______年 会农社 02 表
单位：元

项　　目	行次	金额	项　　目	行次	金额
本年盈余			盈余分配		
一、经营收入	1		四、本年盈余	16	
加：投资收益	2		加：年初未分配盈余	17	
减：经营支出	5		其他转入	18	
管理费用	6		五、可分配盈余	21	
二、经营收益	10		减：提取盈余公积	22	
加：其他收入	11		盈余返还	23	
减：其他支出	12		剩余盈余分配	24	
三、本年盈余	15		六、年末未分配盈余	28	

(三)农民合作社成员权益表动表

农民合作社成员权益变动表格式内容如下(表 10-3)：

表 10-3 农民合作成员权益变动表

编制单位： ______年 会农社 03 表
单位：元

项目	股金		专项基金		资本公积		盈余公积		未分配盈余	合计
年初余额										
本年增加数										
	其中：		其中：		其中：		其中：			
	资本公积转增		国家财政直接补助		股金溢价		从盈余中提取			
	盈余公积转增		接受捐赠转入		资产评估增值					
	成员增加出资									

续表 10-3

项目	股金	专项基金	资本公积	盈余公积	未分配盈余	合计
本年减少数						
					其中：	
					按交易量(额)分配的盈余	
					剩余盈余分配	
年末余额						

成员权益变动表编制说明

(1)本表反映合作社报告年度成员权益增减变动的情况。

(2)本表各项目应根据“股金”、“专项基金”、“资本公积”、“盈余公积”、“盈余分配”科目的发生额分析填列。

(3)未分配盈余的本年增加数是指本年实现盈余数(净亏损以“—”号填列)。

成员账户

成员姓名： 联系地址： 第 页

<table>
<tr><th rowspan="2">编号</th><th colspan="2">年</th><th rowspan="2">摘要</th><th rowspan="2">成员出资</th><th rowspan="2">公积金份额</th><th rowspan="2">形成财产的财政补助资金量化份额</th><th rowspan="2">捐赠财产量化份额</th><th colspan="2">交易量</th><th colspan="2">交易额</th><th rowspan="2">盈余返还金额</th><th rowspan="2">剩余盈余返还金额</th></tr>
<tr><th>月</th><th>日</th><th>产品 1</th><th>产品 2</th><th>产品 1</th><th>产品 2</th></tr>
<tr><td>1</td><td></td><td></td><td></td><td></td><td></td><td></td><td></td><td></td><td></td><td></td><td></td><td></td><td></td></tr>
<tr><td>2</td><td></td><td></td><td></td><td></td><td></td><td></td><td></td><td></td><td></td><td></td><td></td><td></td><td></td></tr>
<tr><td>3</td><td></td><td></td><td></td><td></td><td></td><td></td><td></td><td></td><td></td><td></td><td></td><td></td><td></td></tr>
<tr><td>4</td><td></td><td></td><td></td><td></td><td></td><td></td><td></td><td></td><td></td><td></td><td></td><td></td><td></td></tr>
<tr><td>5</td><td></td><td></td><td></td><td></td><td></td><td></td><td></td><td></td><td></td><td></td><td></td><td></td><td></td></tr>
<tr><td colspan="3" rowspan="2">年终合计</td><td></td><td></td><td></td><td></td><td></td><td></td><td></td><td></td><td></td><td></td><td></td></tr>
<tr><td colspan="5">公积金总额：</td><td colspan="6">盈余返还总额</td></tr>
</table>

任务2 分配合作社盈余与管理成员账户

一、学习准备

如何分配合作社盈余和管理成员账户?

(一)知识准备

1. 分配农民合作社盈余

分配合作社盈余是指把当年已经确定的盈余总额连同以前年度的未分配盈余按照一定的标准进行合理分配(10-4)。

图 10-4 合作社盈余分配

(1)合作社盈余分配制度。分配合作社盈余实行按交易量(额)返还为主、按股金分红为辅的盈余分配制度。按交易量(额)比例返还的总额不得低于整个可分配盈余的60%,股金分红总额不得高于整个可分配盈余的40%。

(2)合作社盈余分配的要求。一是编制盈余分配方案,详细规定各分配项目及其分配比例;盈余分配方案须经合作社成员大会或成员代表大会讨论通过后执行;做好分配前的各项准备工作,清理有关财产,结清有关账目,以保证分配及时兑现。

2. 管理农民合作社成员账户

成员账户是农民专业合作社对每位成员进行分别核算而设立的明细账目。成员账户主要记录成员出资情况、成员与合作社交易情况、成员的公积金变化情况(图10-5)。

(二)资料准备

(1)图书馆或资料室利用现有的图书馆或资料室以及报纸杂志,查找有关合作

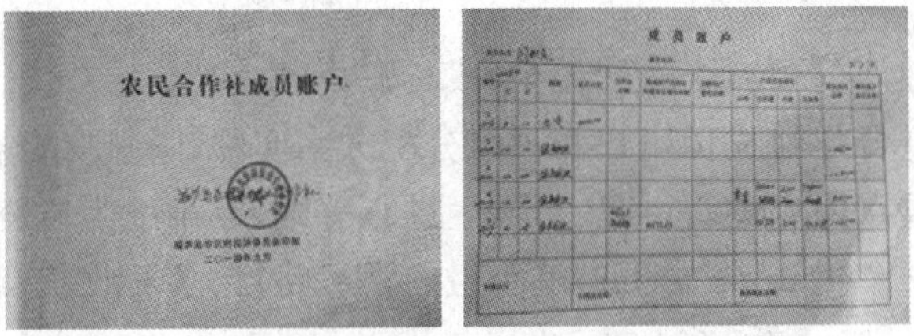

图 10-5　合作社成员账户

社盈余分配及成员账户的信息资料；

(2)通过实地调查,获取有关合作社盈余分配的原则规定、成员账户的设立、为什么要实行成员与非成员分别核算等方面的信息资料；

(3)教师准备的资料单关于合作社盈余分配、成员账户管理等方面的相关文章。

如何设计和实施学习任务？

二、项目设计与实施

【项目设计】(图 10-6)

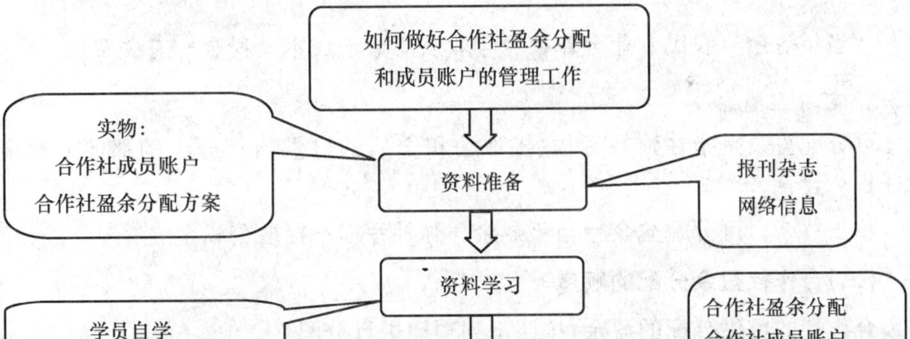

图 10-6　分配农民合作社盈余与管理成员账户学习任务完成流程

【项目实施】

(1)安排学生课前预习合作社盈余、成员账户的含义。

(2)教师提供合作社成员账户和盈余分配方案实物,学员对资料进行自学。

(3)教师对重点内容进行讲解,对学生进行分组,以小组为单位计算盈余分配。

(4)每组选一个代表,在全班讲解小组的学习路径、学习收获,组员补充收获的内容。

(5)教师对学员学习情况进行评价、总结,布置学员学习拓展知识及任务思考题目。

(6)组织学生进行现场调研,提前确定调研目标和具体要求,调研结束后,针对调研后就合作社盈余分配存在的问题进行讨论,并制定解决方案。

三、学习拓展

(一)合作社盈余的计算

分配合作社的盈余首先要区分两个概念,即当年盈余与可分配盈余。

1. 当年盈余

当年盈余的计算如下:

当年盈余=农民专业合作社当年收入总额－成本－税金－有关费用

2. 可分配盈余

可分配盈余是指在弥补亏损、提取公积金后的可供当年分配的那部分盈余。其计算公式是:

可分配盈余=当年盈余－弥补亏损－提取公积金

(二)合作社盈余分配的顺序

合作社的可供分配的盈余,按照下列顺序进行分配:

(1)弥补上年亏损。主要是弥补上年亏损额。

(2)提取盈余公积。盈余公积用于发展生产、转增资本,或者用于弥补亏损。

(3)提取应付盈余返还。盈余返还部分是指在弥补亏损、提取盈余公积后可供当年成员分配的盈余。主要按成员交易量(额)进行盈余返利的比例不得低于60%。

(4)提取剩余盈余返还。扣除上述各项后的盈余可按“成员出资”、“公积金份额”、“形成财产的财政补助资金量化份额”、“捐赠财产量化份额”合计数为成员应享有的“剩余盈余返还金额”量化到成员进行分配。

任务3　分析合作社财务状况

一、学习准备

农民合作社财务分析内容和方法有哪些?

(一)知识准备

农民合作社财务分析内容主要有:

(1)合作社收支情况分析。分析收入的完成情况、收入的结构以及收入变动及其原因;分析支出是否符合规定、支出结构是否合理、支出变动对合作社生产经营活动的影响等。

(2)资产使用情况分析。主要分析货币资金的使用情况是否符合相关规定、固定资产的变动情况是否如实记载、资金流转情况是否正常、往来款项是否清晰、存货变动情况是否合理等。

(3)成员权益分析。主要分析成员权益变动、盈余分配比例等。

【分析案例】

五星养殖专业合作社 2013 年末资产负债表和盈余及盈余分配表如(表 10-4、表 10-5):

要求:应用以上两张报表对五星养殖专业合作社 2013 年的财务状况和经营成果进行分析。

(1)资产负债率=负债总额÷资产总额=194 410÷836 500=23.24%

计算结果说明该合作社资产负债率比较低,有一定的偿还能力和发展前景。

(2)流动比率=流动资产总额÷流动负债总额=313 800÷194 410=161.41%

计算结果进一步说明该合作社偿还能力非常强。

(3)资本权益率 =本年盈余÷股金=112 900÷250 000=45.16%

计算结果说明该合作社股金的盈利能力很强,发展前景非常好。

(4)资本保值增值率=期末所有者权益总额÷期初所有者权益总额=462 090÷348 000=1.33%

计算结果说明该合作社资本保值增值能力很强

(5)销售利润率=利润总额÷产品销售收入净额=112 900÷236 000=47.84%

表 10-4　五星养殖专业合作社资产负债表

编制单位：五星养殖专业合作社　　　　2013 年 12 月 31 日　　　　单位：元

资产	行次	年初数	年末数	负债及所有者权益	行次	年初数	年末数
流动资产：				流动负债：			
货币资金	1	81 000	169 300	短期借款	30	10 000	50 000
应收款项	5	2 000	62 500	应付款项	31	22 000	32 000
存货	6	62 000	82 000	应付工资	32		3 600
流动资产合计	10	145 000	313 800	应付盈余返还	33	30 000	72 540 36 270
长期资产：				应付剩余返还	35	20 000	194 410
对外投资	11	26 000	66 000	流动负债合计	36	82 000	
农业资产：							
牲畜(禽)资产	12	230 000	199 700	长期负债：			180 000
林业资产	13			长期借款	40	100 000	
农业资产合计	15	230 000	199 700	专项应付款	41		180 000
固定资产：				长期负债合计	42	100 000	374 410
固定资产原值	16	100 000	260 000	负债合计	43	182 000	
减：累计折旧	17	21 000	30 000				
固定资产净值	20	79 000	230 000	所有者权益：			250 000
固定资产清理	21			股金	44	200 000	100 000
在建工程	22	20 000		专项基金	45		20 000
固定资产合计	25	99 000	230 000	资本公积	46	60 000	92 090
其他资产				盈余公积	47	80 000	0
无形资产	27	30 000	27 000	未分配盈余	50	8 000	462 090
长期资产合计	28	385 000	522 700	所有者权益合计	51	348 000	836 500
资产总计	29	530 000	836 500	资产和所有者权益合计	54	530 000	

表 10-5 五星养殖专业合作社盈余分配表

编制单位:五星养殖专业合作社2013 年 12 月　　　　单位:元

项目	行次	金额	项目	行次	金额
本年盈余			盈余分配		
一、经营收入	1	236 000	四、本年盈余	16	112 900
加:投资收益	2	3 000	加:年初未分配盈余	17	8 000
减:经营支出	5	109 100	其他转入	18	
管理费用	6	5 000	五、可分配盈余	21	120 900
二、经营收益	10	124 900	减:提取盈余公积	22	12 090
加:其他收入	11	8 000	盈余返还	23	72 540
减:其他支出	12	20 000	剩余盈余返还	24	362 700
三、本年盈余	15	112 900	六、年末未分配盈余	28	

计算结果说明该合作社利润率很高。

(6)按交易量分配盈余比例=盈余返还÷可分配盈余=72 540÷120 900=60%

计算结果说明该合作社按交易量分配盈余比例符合农民专业合作社法的规定。

(7)按交易量分配盈余比例=剩余盈余÷可分配盈余=36 270÷120 900=30%

计算结果说明该合作社按交易量分配盈余比例符合农民专业合作社法的规定。

合作社还可以根据需要计算其他的财务指标。

(二)资料准备

(1)图书馆或资料室利用现有的图书馆或资料室以及报纸杂志,查找有关合作社财务分析方面的信息资料;

(2)利用现有的电脑、网站、WiFi 等网络环境条件,查找有关资产与负债、成本与费用、财务会计制度等方面的信息资料;

(3)教师准备的资料单:关于合作社收益分配、成员账户管理、合作社财务分析等方面的相关文章。

如何设计和实施学习任务?

二、项目设计与实施

【项目设计】(图 10-7)

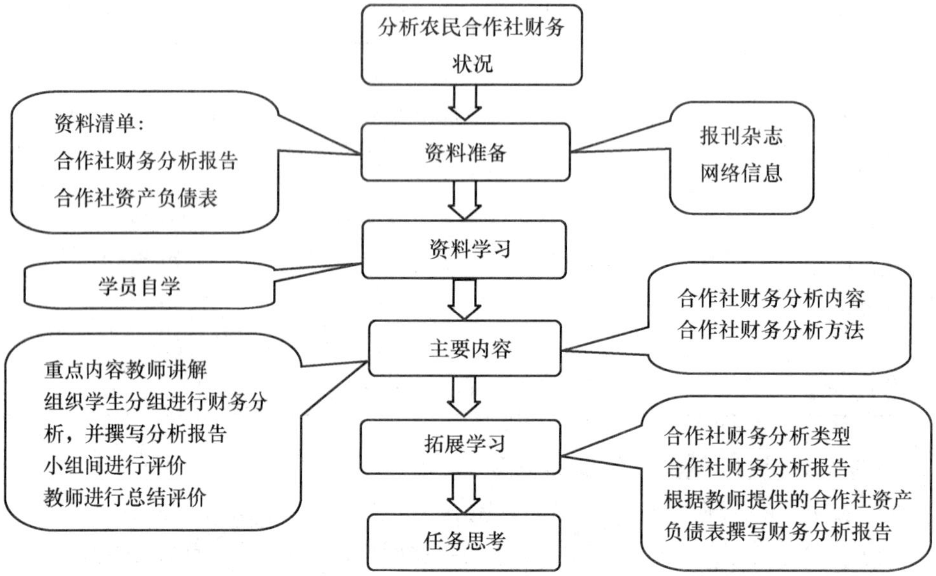

图 10-7 分析农民合作社财务状况学习任务完成流程

【项目实施】

(1)安排学员课前预习合作社财务分析的内容及方法。

(2)教师准备合作社财务分析报告和若干份合作社资产负债表。

(3)学员自学查找的相关资料,教师对重点内容进行讲解。

(4)对学员进行分组,每组发一份合作社财务分析报告及资产负债表,以小组为单位撰写财务分析报告,小组之间进行评价。

(5)教师进行综合评价,并布置拓展学习内容和任务思考。

三、学习拓展

(一)财务分析报告类型

财务分析报告按其内容、范围不同,可分为综合分析报告、专题分析报告和简要分析报告。

(1)综合分析报告。综合分析报告是合作社依据会计报表及经营活动和财务活动所提供的丰富、重要的信息及其内在联系,运用一定的科学分析方法,对合作社的经营特征，利润实现及其分配情况，资金增减变动和周转利用情况，存货、固定资产等主要财产物资的盘盈、盘亏、毁损等变动情况及对本期或下期财务状况将发生重大影响的事项做出客观、全面、系统的分析和评价，并进行必要的科学预测而形成的书面报告。

(2)专题分析报告。专题分析报告是指针对某一时期合作社经营管理中的某些关键问题、重大经济措施或薄弱环节等进行专门分析后形成的书面报告。它具有不受时间限制、一事一议、易被经营管理者接受、收效快的特点。

(3)简要分析报告。简要分析报告是对主要经济指标在一定时期内，存在的问题或比较突出的问题，进行概要的分析而形成的书面报告。简要分析报告具有简明扼要、切中要害的特点。

(二)撰写财务分析报告

第一部分提要。即概括合作社综合情况，让财务报告接受者对财务分析说明有一个总括的认识。

第二部分说明段。是对合作社运营及财务现状的介绍。

第三部分分析段。是对合作社的经营情况进行分析研究。

第四部分评价段。做出财务说明和分析后，对于经营情况、财务状况、盈利业绩，应该从财务角度给予公正、客观的评价和预测。评价要从正面和负面两方面进行，评价既可以单独分段进行，也可以将评价内容穿插在说明部分和分析部分。

第五部分建议段。即财务人员在对经营运作、投资决策进行分析后形成的意见和看法，特别是对运作过程中存在的问题所提出的改进建议。值得注意的是，财务分析报告中提出的建议不能太抽象，而要具体化，最好有一套切实可行的方案。

四、评价反馈

评价反馈过程和内容见附件。

项目十一　管理农民合作社风险

【项目目标】

完成本项目学习后，你应该能

1. 知道合作社的风险管理目标和管理程序
2. 学会识别合作社的风险
3. 能够利用风险评估方法评估合作社的风险
4. 根据合作社实际情况，采取具体的风险防范措施

【引导案例】

"红高粱"危机

近年来，高粱在河南省的一些地区都有种植，在某些局部地区一度面积增加较快。与此同时，各地也时常传来因种植高粱发生农业生产事故的消息。

2013年，息县的一位种粮大户种植的6 000多亩高粱，有2 000亩左右因为品种适应性差等因素，导致大幅度减产，损失高达200万元左右。2013年，在唐河县种植的2万亩高粱中，有很多地块因干旱等原因发生了减产甚至绝收的情况。2014年淮阳县"要发合作社"与人合作种植高粱，因市场原因而致高粱无法及时收割，结果是农民收不到租金，合作社难以为继，粮食生产受到了影响。从表面上看，淮阳县农民在与合作社签订土地流转合同的时候，没有要求合作社先行支付土地租金。合作社从种植玉米转为种植高粱前，也没有人意识到潜在的市场风险。于是，这场原本可以避免的危机，最终经由粮食收购商——河南三农生态产业有限公

司的失信而最终传导到农民身上。与淮阳农民有着同样遭遇的，还有郸城、西华、扶沟、息县、郏县等地的不少农民或合作社。

（资料来源：http://www.ha.xinhuanet.com/hnxw/2014-11/10/c1113164885.htm）

案例点评："红高粱"危机在河南一些地区的屡次上演，说明农业合作社在经营活动中存在很高的风险，如果不解决这个问题，类似危机以后仍会发生。对于合作社来说，经营风险意识必须强化。

任务1　认知农民合作社风险

一、学习准备

农民合作社运营中存在哪些风险？

（一）知识准备

农民合作社在运营过程中，面临着多种风险。这些风险概括来说主要有如下几种：

1. 自然风险

自然风险是因自然力的不规则变化产生的现象所导致危害经济活动、物质生产或生命安全的风险。如水灾、风灾、雹灾、冻灾、旱灾等。农业生产过程受自然风险的影响十分严重。

2. 市场风险

市场风险是在农业生产和农产品销售过程中，由于市场供求失衡、农产品价格的波动、经济贸易条件变化、资本市场态势变化等导致合作社经济上遭受损失的风险。其中，价格波动是影响农业生产的重要因素。

3. 社会环境风险

社会环境风险是指由于个人或团体的社会行为造成的风险。农民合作社的社会环境风险主要表现在如下几个方面：

（1）伪劣种子、化肥和农药等农业生产资料造成的农业生产损失；

（2）错误的行政干预造成的农业生产损失；

（3）工业污染给农业生产和经营造成的损失；

（4）农业政策等经济环境的变化给农业农业生产和经营造成的损失；

（5）政局变化，政权更迭、动乱等政治因素引起或造成的各种损失。

其中，政策风险是影响农民合作社生产和经营的重要因素。

4. 生产技术风险

农业的生产技术风险是指由于某些技术因素的发展、进步和提高给农业生产造成损失的可能性。

5. 财务风险

合作社财务风险可表现为：由资金短缺引起的支付风险和由于收不抵支而引起的无法偿付债务本息的风险；由市场需求、利率、汇率、违约等原因造成合作社预期收益与实际收益发生偏离的风险；由合作社供、产、销各环节不确定性因素影响所产生的合作社整体价值的变动；由合作社以交易量（额）为主的收益分配原则所导致投资成员收益下降，进而影响成员出资积极性下降的风险。

6. 组织风险

组织风险是指合作社受管理者自身素质、机构是否健全、组织规模是否适当、成员对组织的忠诚度和彼此之间的信任度、成员参与合作社经营的积极性等方面影响，导致的整个组织管理松散、实际运营困难的现实情况。

（二）资料准备

（1）图书馆或资料室利用现有的图书馆或资料室以及报纸杂志，查找有关合作社风险方面的信息资料；

（2）通过实地调研，获取有关风险类型、风险产生原因、风险损失等方面的信息资料；

（3）教师准备的资料单：关于合作社各类风险的相关文章。

如何设计和实施学习任务？

二、项目设计与实施

【项目设计】（图 11-1）

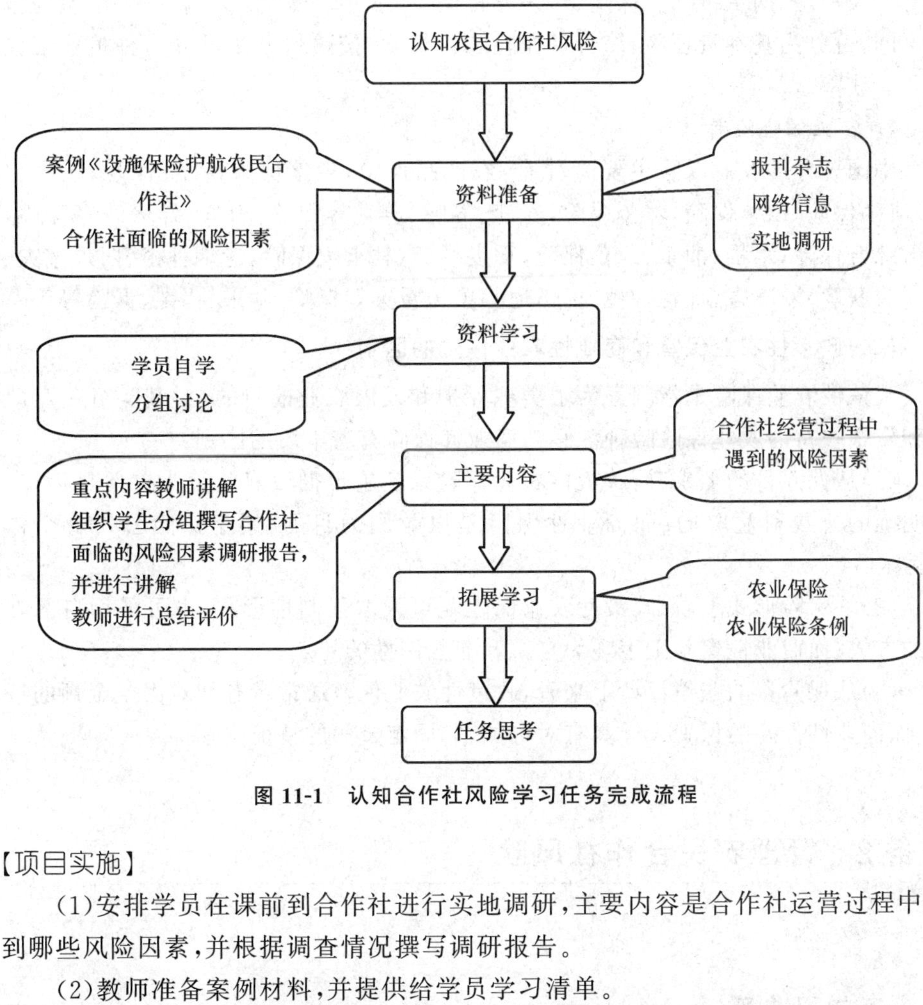

图 11-1　认知合作社风险学习任务完成流程

【项目实施】

(1)安排学员在课前到合作社进行实地调研，主要内容是合作社运营过程中遇到哪些风险因素，并根据调查情况撰写调研报告。

(2)教师准备案例材料，并提供给学员学习清单。

(3)组织学员分组讨论，每组选出代表进行发言，教师进行综合评价。

(4)教师对重点内容进行讲解，针对学生讨论做出总结，引导学生进行拓展学习，布置任务思考。

三、学习拓展

(一)农业保险种类及险种

1. 农业保险种类

农业保险按农业种类不同分为种植业保险、养殖业保险；按危险性质分为自然灾害损失保险、病虫害损失保险、疾病死亡保险、意外事故损失保险;按保险责任范围不同,可分为基本责任险、综合责任险和一切险;按赔付办法可分为种植业损失险和收获险。

2. 农业保险险种

中国开办的农业保险主要险种有:农产品保险,生猪保险,牲畜保险,奶牛保险,耕牛保险,山羊保险,养鱼保险,养鹿、养鸭、养鸡等保险,对虾、蚌珍珠等保险,家禽综合保险,水稻、油菜、蔬菜保险,稻麦场、森林火灾保险,烤烟种植、西瓜雹灾、香梨收获、小麦冻害、棉花种植、棉田地膜覆盖雹灾等保险,苹果、鸭梨、保险等等。

(二)政策性农业保险和商业性农业保险的区别

政策性农业保险是指国家为了实现保护和发展农业的目的,对其实行一定政策和资金扶持的农业保险险种。它与商业性保险有着本质的区别:

(1)从保险目的上来看,政策性农业保险以实施贯彻政府政策为首要目标,有着明确的公共利益取向;而商业性保险是以盈利为目的,属于保险公司的个体行为。

(2)从保险形式上看,政策性农业保险既可采取强制性形式,也可采用自愿参保的方式;而商业性保险则表现为自愿和非强制性的特点。

(3)从保险费的赔偿设计上来看,政策性农业保险通常带有相对固定金额的特点;而商业性保险的保费设计具有对称的、非固定金额的特征。

任务2 管理农民合作社风险

一、学习准备

如何对合作社的风险加以管理?

(一)知识准备

管理合作社的风险是指合作社运用适当的手段对各种风险源进行有效的控制,力图以最小的代价获得最大的安全保障的一系列经济管理活动。风险管理的基本程序包括风险识别、风险估测、风险评价、风险控制和风险管理效果评价等环节。

(1)风险的识别。风险的识别是农民合作社对所面临的以及潜在的风险加以判断、归类整理,并对风险的性质进行鉴定的过程。

(2)风险的估测。风险的估测是指在风险识别的基础上,通过对所收集的大量的详细损失资料加以分析,运用概率论和数理统计,估计和预测风险发生的概率和损失程度。风险估测的内容主要包括损失频率和损失程度两个方面。

(3)采用风险管理方法。风险管理方法分为控制法和财务法两大类,前者的目的是降低损失频率和损失程度,重点在于改变引起风险事故和扩大损失的各种条件;后者是事先做好吸纳风险成本的财务安排。

(4)风险管理效果评价。风险管理效果评价是分析、比较已实施的风险管理方法的结果与预期目标的契合程度,以此来评判管理方案的科学性、适应性和收益性。

图 11-2 为乌苏市政策性农业保险理赔大会现场。

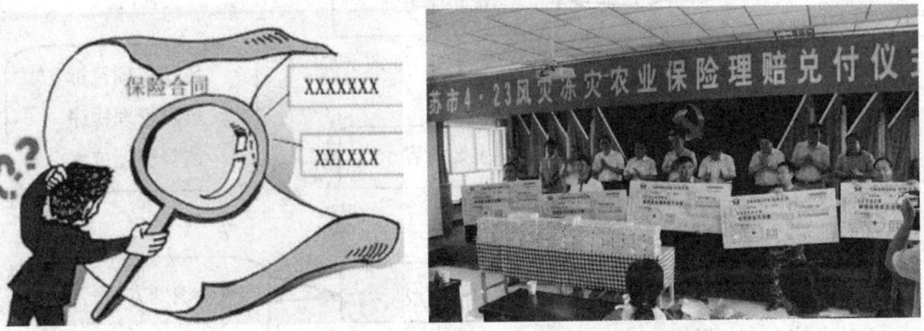

图 11-2 乌苏市政策性农业保险理赔大会现场

(二)资料准备

(1)图书馆或资料室利用现有的图书馆或资料室以及报纸杂志,查找有关合作社风险管理方面的信息资料;

(2)利用现有的电脑、网站、WiFi 等网络环境条件及实地调研,获取有关风险管理、风险管理程序、风险防范措施等方面的信息资料;

(3)教师准备的资料单:关于合作社风险管理、风险防范方法的相关文章。

如何设计和实施学习任务?

二、项目设计与实施

【项目设计】(图 11-3)

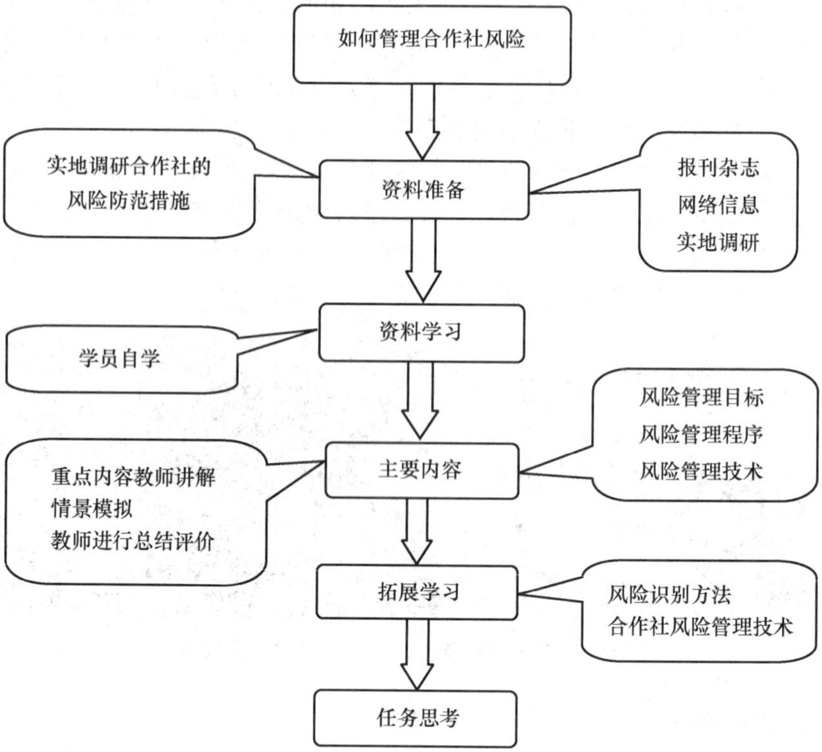

图 11-3 管理合作社风险学习任务完成流程

【项目实施】

(1)安排学员在课前针对合作社所采取的风险防范措施进行实地调研,并形成调研报告。

(2)在教师的指导下,通过多种信息渠道查询风险管理目标、风险管理程序、风险防范措施等资料。

(3)通过情景模拟,采用头脑风暴法,组织学员对合作社的风险防范措施进行梳理和汇总,形成书面方案。

(4)教师对重点内容讲解,对头脑风暴法形成的方案进行总结评价。

(5)教师引导学员进行拓展学习,布置任务思考。

三、学习拓展

(一)风险识别方法

(1)专家调查法。专家调查法是以专家为索取信息的重要对象，找出各种潜在的风险并对其后果做出分析与估计。这种方法最大的优点是在缺乏足够统计数据和原始资料的情况下，可以做出定量的分析，缺点是容易受心理因素的影响。

(2)故障树分析法。故障树分析法是利用图表的形式，将大的故障分解成各种小的故障，或对各种引起故障的原因进行分析。该方法经常用于直接经验较少的风险识别，该方法的主要优点是比较全面地分析了所有的风险因素，并且比较形象化，直观性较强。

(3)幕景分析法。幕景分析法是一种能够分析引起风险的关键因素及其影响程度的方法。一个幕景就是对一个事件未来某种状态的描述，它可以采用图标或曲线等形式来描述当影响项目的某种因素发生变化时，整个项目情况的变化及其后果，供人们进行比较研究。该方法主要适用于以下几种情况：一是提醒决策者注意措施或政策可能引起的风险及后果；二是建议需要监视的风险范围；三是研究某种关键性因素对未来过程的影响；四是当存在相互矛盾的结果时，应用幕景分析法可以在几个幕景中进行选择。

(二)风险管理基本技术

(1)风险避免。风险避免也称为风险回避，是指为将某种事故发生的可能性降低到零，放弃某一活动或拒绝承担某种风险以回避风险损失的一种控制方法。如合作社因缺乏某项种植技术的专业人员，在选择种植项目时避开该项目。

(2)风险控制。风险控制是指合作社对既不能避免也不能转移的风险，设法降低其损失发生的概率，缩小其损失幅度的方法。按照目的的不同，风险控制措施可以划分为损失预防和损失抑制两类。损失预防是指在风险事故发生前采取措施，以消除或减少可能引起损失的各项因素，即以降低损失发生的概率为目的。损失抑制是指风险事故发生时或发生后采取的各种防止损失扩大的措施。即以缩小损失程度为目的。

(3)风险转移。风险转移是指通过合同或非合同的方式将风险转嫁给另一个人或单位的一种风险处理方式。风险转移的主要形式是合同转移和保险转移。

(4)风险保留。风险保留也称为风险承担，即指合作社以其内部的资源来弥补损失。

四、评价反馈

评价反馈过程和内容见附件。

附件　项目学习评价反馈过程和内容

一、自我评价

1. 为了完成管理合作社风险的学习任务，你都做了哪些准备？

(1)查找了哪些资料？

(2)你有哪些设想？

2. 运用所学的知识，分析你熟悉的一个合作社面临的风险类型，并为其提供风险防范的措施手段。

3. 通过自学、讨论和调研，你有什么收获？

二、小组评价

从学习态度、学习方法、团队合作和学习能力的提升等方面评价。

序号	评价项目	评价情况
1	与其他同学口头交流学习内容是否流畅	
2	是否尊重他人	
3	学习态度是否积极主动	
4	是否服从教师的教学安排	
5	是否能保持学习环境的干净整洁	
6	是否遵守学习场所的规章制度	
7	是否达到全勤	
8	团队学习中主动与合作的情况如何	

参与评价的同学签名________________

三、综合评价

1. 教师评价

(1)对整个学习内容的小结归纳

(2)对学习过程的总体评价

教师签名____________

2. 学生评价

(1)对教师授课效果的评价

(2)对学习效果的评价

学生签名____________

参考文献

[1]唐雯．论合作社的定义、价值、原则与法律特征．农村经济与科技，2007(08).

[2]凡迪．世界上最早的农村信用合作社——德国莱弗森信用合作社．中国农民合作,2013(7).

[3]陈进,陈复东,庞振月．创新农业经营体制,积极发展综合性农民社区合作社．农民日报,2013-06-18.

[4]王平,王国连,刘立彬．农村合作制理论与实践教程．北京:中国环境科学出版社,2010.

[5]郭书田．农业合作社的历史、现状与未来．农村工作通讯,2012(14):27-29.

[6]李瑞芬．农民专业合作社工作手册．北京:金盾出版社,2014.

[7]王征兵,许婕,孙浩杰．国外发展农民专业合作社的经验及其借鉴——以美国、西班和日本为例．湖南农业大学学报(社会科学版),2010(4):61-65.

[8]唐洋军．国外农村合作经济组织的主要模式、发展趋势及对中国的启示．农业部管理干部学院学报,2011(1):70-72.

[9]李静．农民专业合作社法人治理结构及其规范运行分析．经济问题,2013(03):18-21.

[10]刘俊,钟霖瑛．完善我国农村股份合作社治理结构的若干思考．东华理工大学学报(社会科学版),2015(06):135-140.

[11]王成兵,戴晓慧．论股份合作社的治理结构．东华大学学报(社会科学版),2014(03):1-5.

[12]杜党勇,蓝海林．农村社区股份合作经济组织的内部治理结构与代理成本的实证研究,江西财经大学学报,2006(07):18-21.

[13]孙亚范．农民专业合作社社员退出意愿的影响因素分析——基于江苏省的调查数据．南京农业大学学报(社会科学版),2010(12).

[14]韩金平．如何做好农民合作社培训工作．农村经营管理,2014(11).

[15]陈国胜．农产品营销．北京:清华大学出版社,2010.

[16]郑丹．合作社营销学．北京:社会科学文献出版社,2009.

[17]白立忱．外国农业合作社．北京:中国社会出版社,2006.

[18]丁志宏．国外农民的职业培训．北京:中国社会出版社,2010.

[19]韩志辉．狂吃十万亿——中国农产品食品高附加值成长模式．北京:机械工业出版社,2012.

[20]何忠伟,曹暕．我国农业补贴政策速查手册．北京:金盾出版社,2012.

[21]胡卓红．农民专业合作社发展实证研究．杭州:浙江大学出版社,2009.

[22]孔祥智．国外农业合作社研究．北京:中国农业出版社,2012.

[23]牟锦毅．农民专业合作社组织建设与经营管理．成都:电子科技大学出版社,2012.

[24]王甲午,曹国良．农民专业合作社培训读本．沈阳:辽宁科学技术出版社,2013.

[25]张广花．合作社经营实务．杭州:浙江工商大学出版社,2013.

[26]赵慧峰．农民资金互助合作社发展现状及运行机制研究．北京:中国农业出版社,2012.